思考のリミッターを外す

非常識力

日本一不親切な
介護施設に行列ができる理由《わけ》

二神雅一
Masakazu Futagami

YUSABUL

はじめに

「非常識な発想」は偉人たちだけの特権ではない

世界で最も栄誉ある有名な賞と言ったら、間違いなく「ノーベル賞」でしょう。

その受賞要件は一切公開されていませんが、受賞した人たちから推測すると以下の条件が考えられます。

- **●著明な功績を残した人**
- **●人類の発展に多大な貢献をした人**

さらに、もうひとつ大事なのが**「今まで誰も発明・発見していないことを見つけた人」**です。

これは、これまでの常識を打ち破り、新しいスタンダードを作った人と言い換えることができるでしょう。

例えば、
ニュートンは「万有引力の法則」を発見しました。

エジソンは「白熱電球」や「蓄音機」を発明しました。

アインシュタインは「相対性理論」を見つけました。

ノーベル賞の由来であるアルフレッド・ノーベルは「ダイナマイト」を発明しました。

いつの時代でも、最初に発明・発見した人には、多大な賞賛と栄誉がもたらされます。それは歴史を見ると明らかです。彼らは、「常識を破った人」という賞賛と栄誉に加え、歴史の教科書にも名前を残しています。


そして、これはビジネスにおいても同様です。

例えば日本人なら誰もがお世話になっているコンビニは、セブン–イレブンの創始者・鈴木敏文氏が土台を作りました。

イトーヨーカ堂社内で、周囲からは「アメリカに倣ったコンビニ業態の導入は時期尚早だ」と反対される中、鈴木氏は「中小の小売店の経営を近代化すれば、大型店との共存共栄は可能」と考えました。

そして、街の雑貨店や小さな商店を、サラリーマンやＯＬや主婦のために早朝から深夜までオープンさせることで生活の中に利便性を取り入れ、さらに、「ドミナント戦略（地域を絞って集中的に出店する経営戦略）」によって独占状態を目指しました。それらの経営手法を最初に行ったことで、セブン-イレブンは、今でもダントツの店舗数と売上を誇っています。

これらは果たして、特別な人、選ばれし人だけが成し得ることなのでしょうか？

そうは思いません。なぜなら、愛媛県松山市でやんちゃくれ坊主だった私も、当時の常識を打ち破る「非常識な発想」でビジネスをスタートさせ、岡山県でナンバーワンの事業者になっているからです。

どのような分野でも「常識を破る人」になれる！

申し遅れました。私、株式会社創心會の二神雅一と申します。

本書を手に取ってくださり、ありがとうございます。

作業療法士として社会に出て、30歳で起業。おかげさまで現在、私の介護施設は「日本一不親切な介護施設」として、全国展開している大手介護企業がひしめく中、地元・岡山でナンバーワンのシェアを誇り、多くの類似サービスが誕生するきっかけにもなりました。

また、会社の取り組みが地方自治体から要介護度改善率の向上につながると評価（利用者さんの介護度が改善したと評価）をしていただき、小さい業界ではありますが、**介護業界のパイオニア**とまで評されるようにもなりました。

もちろん、そこに胡坐をかくつもりはありませんし、本書でその自慢をしたいわけでもありません。

ただ、もしもあなたが何かを成し遂げたり、自分の未来を切り拓いて「成功」と呼べるような結果を残したいと思っているなら、「常識を破る人になる」という方法が最もいい、ということを伝えたいのです。

冒頭で、世の中の様々な「常識を破った人たち」を紹介してきました。彼らは周囲から「非常識だ」「絶対ムリだ」と言われながらも自分を貫き、大なり小なりの山に登り、そこに旗を立ててきた人たちだと考えています。

それに比べれば、私が登った山はまだまだ小さい。ですが、山の高い／低いではなく、常識を破って最初に登ったことが最も重要なのです。

私の場合はそのことが世の中から評価され、おかげさまでたくさんの方に利用していただける施設を作ることができました。利用者さんが多くなればなるほど、さらにその大勢の方々のご希望に応えようと次の店舗を創り、現在グループ全体で73の事業所を持つまでになっています。

私の専門は主に「介護事業」ですが、この考え方はどの業界でも通用すると思います。サービス業でも、飲食業でも、物販でも、商品開発でも、教育でも、どのような分野でも、世の中の役に立つ、「常識を破る人」になってもらいたいと考えているのです。

「絶対ムリ」をなくせば幸運の女神が微笑んでくれる

「常識を破った人たち」は初めから非常識を求めていたわけではありません。世の中の役に立つことを考えて、考えて、考え抜いた結果、非常識に行きついたのです。奇をてらい非常識を求めろと言っているわけではなく、何かやりたいこと、やってみたいことをとことん考え抜いてみてほしいということです。

それは、時として新たなチャレンジが必要になるかもしれません。きっかけが簡単に見つからないこともあるでしょう。

その辺りのことは、私がどうやってきたか、その考え方ややり方を交えて後述するとして、まずは考え方として「絶対ムリは絶対ない」と頭を切り替えようと意識しつつ、読み進めてもらいたいと思います。つまり、「常識的にムリ」などと感じる思考のリミッターを外してもらいたいのです。

あなたが本書を手に取ったのは、何かしらの結果や成果を出す人になりたいと思い、新たなチャレンジや、常識を打ち破るような新しい商品・サービスを生み出すためのヒントを得たいと思ったからではないでしょうか。

そして、そのためには努力も必要ですが、「勝負時を逃さないこと」も重要なのです。つまり、幸運の女神に微笑んでもらう、ということです。


もちろん幸運の女神は、常にポジティヴな環境でサインを出してくれるわけではありません。時には「ムリ」「できない」「つらい」「キツい」「逃げ出したい」というネガティブな環境でサインを出してくることもあります。

そんなときこそ、人生大一番の勝負で「これはチャンスなんだ」と気づくことです。

その気づきが、今後のあなたの人生を大きく変える瞬間になるでしょう。

あなたが何のために、どう立ち向かい、何をするのか？


本書では、私がどのような想いで事業をスタートさせ、その想いを実現するためのどのような仕組み・システムを構築し、そして、人としての在り方を見出してきたかをお伝えしています。

本文内には、これまでの経験からまとめ上げた、思考のリミッターを外して「常識を破る人」になるためのワークもありますので、読みながら実践し、あなたも「常識を破る人」になれるようにチャレンジしてみてください。

また、介護業界から見える今後の日本の姿、日本人の生活の仕方についても触れ、その中から見えてくる常識を打ち破るためのヒントもお伝えしています。

人生の大きなチャンスはそう何度も起きるものではありません。常識を破る人になるためには、そのチャンスをつかめる自分になる必要があります。そのためにも、「絶対ムリ」を思考から外して、本文へ進んでもらいたいのです。

本書が、あなたの人生を切り拓くきっかけになれば、これに勝る喜びはありません。

目次

第2章 「日本一不親切な介護施設」がやってきた10の取り組み

第4章 「非常識力」は常識的な人間力から生まれる

第5章 寝たきり大国ニッポンを加速させる日本の誤った「常識」

第6章 「日本一不親切な介護施設」が歩んでいく道

おわりに

装幀　米谷テツヤ
本文デザイン　白根美和

第1章

こうして「非常識な介護施設」は誕生した

「バリアフリー」は本当に親切なのか？

現在、私は岡山県を中心に介護関連の施設を36拠点、73の事業所を運営しています。二十数年前、裸一貫で始めた事業がなぜここまで成長できたか、その理由は「日本一不親切な介護施設」を作ったからです。

例えば、

●車椅子に乗っている人から車椅子を取り上げる
●施設にはわざと手すりをつけずに段差や坂道を設けて「バリアフリー」ではなく「バリアありー」にする
●ご高齢の要介護者の方に農作業をさせる

などです。

一度車椅子癖がついた人は、自分の力で歩けなくなります。車椅子に乗っている間に歩くために必要な足腰の筋肉がどんどん弱っていって、本当に歩けなくなってしまうのです。

介護施設と言えばバリアフリーが一般常識ですが、利用者さんの実生活は必ずしもそうではありません。むしろ、いろいろなところにバリアが潜んでいます。

日常生活には思わぬ危険も潜んでいますし、そもそも外の世界すべてを完全にバリアフリー化することは現実的ではありません。

それに、バリアフリーな環境は歩行ができる人にとっては不適切な環境と言えます。段差がないために、足を高く上げる必要がなくなり、すり足でだって歩くことができてしまうからです。そうした環境で日常を送っていると、どんどん足の筋肉が衰えていきます。バリアフリーな環境に慣れてしまった結果、バリアのある世界で生活することが難しくなったり、転倒の危険性が高まってしまうのです。

また、バリアフリー化の最大の難点は、その環境に慣れてしまうと外界の環境に適応できず、外出そのものが困難になることがあるということです。結果、ますます家に閉じこもりがちになり、心身機能の活動が低くなり、機能低下、寝たきり、認知症になる危険性が著しく高まります。

また、人は閉ざされた環境で過ごすうちに心まで元気を失っていくのです。人は人と接することで、その人らしさ（自分自身）を確認できるとも言えます。友人・知人に会いにいく、孫に会いにいく、その訪問先がバリアフリーでなかったら、そこで過ごすことが難しくなります。そして何より、訪問するまでの道程のバリアに行く手を阻まれることになります。

一方、バリアのある環境で過ごし、外出して活動するとその過程で様々なバリアを繰り返しクリアしていくことになります。その繰り返しが知らず知らずのうちに身体機能の衰えを防いでくれます。その日々の活動自体がリハビリになっていると言ってもいいでしょう。

外の世界でケガや事故なく生活する身体を作るためにも、普段からバリアフリーより「バリアありー」の生活を実践することが大事なのです。

ですから、私たちの施設ではわざとバリアを作り、どんな方法で、どんな風に身体を操ってそのバリアをクリアすることができるのか、を利用者さんと共に検討を重ねています。

農作業も同じです。

若いころと同じような生活を続けているほうが、歳を取ってからも心も身体も衰えず健康でいられます。太陽の光を浴びながら汗と土にまみれ、野菜や果物を育て、収穫することは高齢者にとって大きな喜びとなります。日光に当たることはとても重要で、骨の老化防止に必須と言われていますし、土に直接触れることは、人の心を癒したり元気にする効果もあります。一般的な介護施設の価値観から見るとこれらは非常識な話ですし、普通の介護施設に関わっている人が聞いたら卒倒しそうな内容です。

しかし、きちんと専門的な技術と視点から、より良いケアができる環境を整えていますし、すべては利用者さんのためにやっていることです。

私からすれば、世間の常識である「何でもやってくれる介護施設」のほうが、実は最も不親切だと思います。「至れり尽くせり」は利用者さんの生きる力を奪っている、そう考えるからです。ところが、最近では行政指導で介護施設に対してバリアフリー化を促すことが増え、私たちの施設も、バリアを作っていると施設の認可がもらえなくなってきています。それが日本式介護なのかと残念に思うことがあります。本気で健康寿命の延伸《えんしん》や自立支援を考えるのであれば、国や自治体の意識も変わってもらわなければならないでしょう。

そのような介護業界の常識に対する様々な「?」から発想転換して、今の事業を始めました。それは結果的に常識を打ち破ることになり、事業がここまでの広がりを見せるきっかけとなりました。

「非常識力」とは「常識の壁を打ち破る力」

もうおわかりかもしれませんが、本書でお伝えしたい「非常識力」とは「常識の壁を打ち破る力」です。

非常識力というと、常識がないことを思い浮かべるかもしれません。

みんなが「当たり前だ」「そうなって当然だ」と考えているところから外れ、自分勝手に好き勝ってやること――これはただの〝ワガママ〟です。

逆に、常識の枠にとらわれすぎて、「これはこういうもの」「そんなことはできっこない」と、物事に〝勝手に〟制限や枠を設けて、チャレンジから距離を置いてしまっている人もいます。

これらはどちらも、「非常識力」からは遠い人です。

私は歴史が好きなのですが、日本の歴史を振り返ってみても、常識を打ち破り、不可能を可能にした例は枚挙に暇がありません。

戦国時代、織田信長はたった３０００人の兵力で、10倍の兵力を持つ今川義元軍３万人の本陣に切り込み、見事に首級をあげました。

幕末の時代に敵対し、犬猿の仲だった薩摩藩と長州藩（萩藩）。その二者間を奔走した坂本龍馬の尽力によって薩長同盟が結ばれ、ふたつの藩は力を合わせて倒幕し、明治維新を実現しました。

また勝海舟は、一滴の血も流さずに江戸城の無血開城を果たしました。

このように、誰もが「ムリだ」と思うところに、成功の切り口は秘められているのです。

ビジネスで成果を出している人たちは恐らく、人生でこういった「逆転の成功法則」を多少なりとも体験しています。

世間の常識と言われるものを身につけた上で、それでも未来を切り拓くために、可能性の扉を閉じずに、非常識力を発揮して挑戦し、常識の壁を打ち破ってきたのだと思います。

繰り返しますが、「非常識力」とは、「常識の壁を打ち破る力」です。

そのための考え方ややり方を本書に詰め込みましたので、このまま読み進めつつ実践し、自分の未来を切り拓く参考にしていただきたいと思います。

「常識を破る人」になるためのふたつの事前準備

結果的に、私は介護業界で常識を打ち破りましたが、本書を読んでいるのは様々な業界の方々だと思います。

私が特別だったかというと、そうではありません。また、介護業界が打ち破りやすい壁であったかというと、きっとそれも違うでしょう。

どんな業界でも共通する、常識を破るための考え方ややり方があると思います。大切なのは、それを身につけているかどうかだと思うのです。

そこで次に、そのために必要となることについてお伝えしましょう。

まずは、事前準備からです。

【準備1】「ないなら作ればいい」という発想

世間には様々な商品・サービスが存在します。ですが、それが必ずしも、すべての人にマッチしているかと言うと、そんなわけではありません。「これだけしか選択肢がない」という中で、何かしらの我慢をして商品・サービスを受け入れているケースは、少なくないのです。

私は介護保険制度がまだなかったころに「訪問リハビリ」を事業としてスタートさせました。事故や病気で後遺症や一時的な不自由を抱えてしまった方の自宅に訪問してリハビリテーション（リハビリ）を行い、身体の不自由な部分を少しでも改善して、できることを増やしていく。できることが増えたら家の中から外に出てもらう支援をしていました。

ですがあるとき、気づいたのです。せっかく良くなって外に出られるようになった利用者さん（私のお客さまたちです）が、少し時間が経つと元に戻ってしまっている事実に。

ほとんどの利用者さんは、リハビリによって機能が回復してもデイサービスぐらいしか行くところがなかったのです。そのデイサービスに通っていても、心身の機能は低下していたのです。

ご存じない方もいらっしゃると思いますので、簡単に説明します。デイサービス（通所介護）とは、介護が必要になった方が、日中、介護施設に（送迎付きで）通い、入浴、排せつ、食事などの日常生活上の介護、機能訓練などを受けることができる日帰りのサービスです。利用される方の家族の負担軽減にもなります。

今から25年以上も前の話ですが、当時のデイサービスというのは、食事とお風呂を提供して、残りの時間でレクリエーションをするような場であって、機能回復をさせるような設備やプログラムはほとんど備わっていなかったように思います。

「そんなところに行かなければいいじゃないか」と思うかもしれません。

ですが、特に社会のバリアフリー化が今よりも極端に少なかった当時は、ハンディキャップを持った人が外出して過ごす場所は極めて限られていて、せいぜいデイサービスが関の山だったのです。

そんなデイサービスに通っている理由を利用者さんに尋ねてみると、「家にいると家族に迷惑がかかる」「家に居場所がない」「他に行ける場所がない」といったネガティブな理由がほとんどでした。

そこで利用者さんが通うデイサービスを視察してみました。すると驚いたことに、利用者さんを含めた高齢者の方々が、車椅子に座らされて歌を歌ったり、子どもたちがするようなお遊戯をさせられていたのです。しかも、壁面は幼児が喜びそうな折り紙などで飾りつけられていました。それはまるで保育園か幼稚園のような光景でした。残念ながら、これではせっかく改善した身体機能を活かしたり、もっと改善させることは期待できません。心身機能が再び低下していったことも納得できました。

せっかくリハビリで良くなっても、その機能を活かす場所が利用者さんにはなかったのです。しかも彼らは、そこへ行かざるを得ない。

「ないならどうするか？」「作ればいい！」と私は考えました。

良くなった人が悪くならない、さらに良くなるためにリハビリができるデイサービスが誕生した瞬間です。しかも当時、そのようなデイサービスは周囲にありませんでした。まさに、常識を打ち破った瞬間だったのです。

リハビリのできるデイサービスという、当時では常識破りな場所は、出だしこそうまく理解されずに伸び悩んだものの、次第に評判になりました。利用者さんが宣伝役になって病院や友達に紹介をしてくれて、どんどん人が集まるようになっていきました。

もちろん、最初からそうなると想定して始めたわけではありません。しかし、「ないなら作ればいい」の発想で他の人がやらなかったことを事業化し、展開したことは私の世界を広げてくれました。

【準備2】「何のためにやるのか」という本質

「ないなら作ればいい」と、もうひとつ大事なのが、「何のためにやるか」という本質の部分です。これがすべてのベースになります。

リハビリ特化型デイサービス事業を始めた当初、場所は民家を借りて行っていました。記念すべき第1号店です。

その後、3店舗目で初めて自社で施設を建てることにしました。そのとき、一般的なデイサービス施設ではなく、あえてそれまで自分たちがやっていたサービスに即した施設を作りました。民家の平均的な上がり框《かまち》や階段の高さなどを測定し、施工も一般のハウスメーカーに依頼しました。普通であれば、施設系に強い設計事務所にお願いして、利用者さんにも働き手にも受け入れられやすい、バリアフリーな施設を作るものです。そこをあえて設計段階からこだわって、バリアのある自社施設を作りました。

なぜこんな思い切ったことができたのか。それは、利用者さんに在宅生活を永く送っていただくためのケアができる環境や仕組みを作ることを目的とした介護事業にするためです。つまり、「何のためにこれをやるのか」がブレなかった、ということです。

もしもお金儲けに走っていたら、より多くの利用者さんを集められる常識的なデイサービス施設を作ることになっていたでしょう。ですが「何のために」を考えたときに、「社会的な課題を解決することが第一義である」と考えました。至れり尽くせりな介護でその人の能力を衰えさせたり、自立を妨げることはやってはいけないと考えたのです。

現在の私たちの展開は、その結果としてあるのだと思います。

どのような業種や商品・サービスを提供する仕事であっても、このふたつは絶対に必要になる、大前提となる「軸」のようなものです。

「常識を破る人」になるための6つの考え方

物事を実現していくためには、実際に行動に移さなければいけません。そんなときに身につけておきたい考え方とやり方があります。

まずは「考え方」。それから「やり方」です。考え方、やり方の両方を身につけることで、常識を破る人になることができるのです。

では、それぞれ6つのポイントをお伝えしましょう。

【考え方1】「我が事」として考える

初めてリハビリができるデイサービス事業をスタートさせたきっかけとなったのが、訪問リハビリの利用者さんが通っていたデイサービスを視察したことだったのはすでにお伝えしました。

手遊びやお遊戯をする彼らを見て、「これではせっかく機能を取り戻しても、それを維持できない」と感じ、それができる施設を作ろうとしました。

そのとき、同時に思ったことがあります。

「自分が同じ立場になったら、こんなところには絶対に行きたくない」

これが、常識を破る人になるための考え方のひとつである「我が事として考える」です。

25年前当時の（今も多くはそうですが）デイサービスは、室内を折り紙で飾りつけたり、レクリエーションやカラオケ、お遊戯、手遊びなどをするのが主流でした。

私は自分が同じ立場になったとき、そんなところには絶対行きたくないと思ったのです。ですから、自分のデイサービスではそういったことを全面禁止にしました。これは当時からすれば、非常識な考え方でした。


もちろん、利用者さんが回復した機能を維持し、自分ができることを知って社会的自立をできるよう支援していくことは、事業化するにあたり大切なことですし、目指していることでした。ですが、もしも何か新しいことを始めようとしたときには、具体的なビジョンを持って取り組まなくてはいけません。いつまでも理想論だけでは形にならない。

「我が事として考える」ことはその形にするための切り口になります。

「自分だったらこんなのは嫌だ」

「自分だったらこうしたい」

「こうすればもっと良くなるのに」

など自分に置き換えたときに浮かぶアイデアは、同じように求めている人が、その背後にたくさんいる可能性が高いのです。

リハビリ特化型デイサービスを始めたときに、最初に最も良い反応を示してくれたのは、それまでの一般的なデイサービスに通うことを嫌がっていた男性利用者さんでした。そこから市民権を得ていきました。

【考え方2】 数字や常識に縛られない

デイサービス事業をスタートさせたのは、2000年に介護保険制度がスタートした翌年のことでした。自宅に訪問してリハビリをする訪問リハ事業としてたった一人で始めた会社も、そのころには数十人の従業員を雇えるくらいの規模に成長していました。

デイサービスを始める方針を打ち出した当時、幹部たちがエリアのマーケティング調査をしてくれました。

施設を作ろうと考えているエリアの高齢者の割合がどのくらいか、そのうち何割が介護保険制度を使っているか、さらにすでにデイサービス事業所が何ヶ所くらいあって、その結果からエリアにどのくらいの市場が残されているのか……新規出店する際には当たり前に行われる調査です。そしてその調査をした社員はとても優秀でした。そして、出店予定エリアには競合が多いと報告をしてきました。

ですが、私は少し違った見方をしていました。

「我々にはライバルはいない」と考えていたのです。

カテゴリ的にはデイサービス事業であっても、考えていたのはまったく違うサービス展開でした。利用者さんに歌やお遊戯をさせるようなデイサービスであれば、彼らの調べ上げた数字通りのライバルがいたでしょう。

しかし当時、リハビリをしてくれるデイサービスはありませんでした。わざわざバリアを作ったり、手すりを必要最小限にしたり、自立を促したり、利用者さんにトレーニングを促したり……といった施設は常識外れな考え方でした。

常識に縛られて、彼らの数字を信じて「そうだね。ここには市場が残されていないね」となっていたら、もしかしたらそこで終わっていたかもしれません。

仮に一般的なデイサービスを始めていたとしても、先発の〝その他大勢〟がライバルになっていたでしょうから、常識を破ることにはならなかったでしょうし、業界で一番になることもなかったと考えられます。

ですから、同じカテゴリであっても、そこにないものを既存の市場に浸透させることのほうが重要だと考えていたのです。

そして、その考えはマッチしました。

特に、それまで男性の利用者さんの中には、デイサービスのイメージが保育園の高齢者版というイメージがあったのです。訪問リハからデイサービスに誘導する際にも、彼らは口を揃えて「幼児が行くようなところには行きたくない」と言っていました。

それでもとにかく見学していただくように促し、「うちのデイサービスにはレクリエーションやゲームは一切ありません。身体を鍛えたりするマシンがあったり、専門の療法士と1対1でリハビリができます」とお伝えし、実際に体験をしていただくと、ほぼ契約に至ったのです。

常識に縛られなかったことで、潜在的なニーズを見つけることができたのです。

【考え方3】　ゼロから始める必要はない

「新しいサービスを創出する」というと、まったくの0から何かを生み出さなければいけないのかと考えてしまうかもしれません。

0から1を生み出すことは、確かにとてもエネルギーがいります。ですが、これができずに心が折れてしまってあきらめてしまうのは、とてももったいないと私は思います。

こだわらないでもらいたいのは、必ずしも「0からまったく新しい商品・サービスを創出する必要はない」ということです。人によっては0→1よりも、1を2にも3にもアレンジしていくのが得意な人もいます。これはこれで優れた能力です。

リハビリ特化型デイサービス施設を作ったときも、デイサービスそのものはすでに数多く存在していました。ですから私は、そこで0→1を生み出したわけではありません。「どのような場所であれば自分は行きたくなるか」と我が事として考えながら、既存のものをアレンジして結果的に新たなサービスを創出するに至ったのです。だから「ライバルはいない」と考えることができたのです。

もちろん、新しいサービスでしたから、利用者さんに理解してもらう苦労はありました。表向きは普通の「デイサービス」ですから、利用者さんのほとんどは身の回りの世話をしてもらえる場所だと思っていたことでしょう。

例えば、利用者さんから「お茶を出してくれ」と言われたとき、普通ならスタッフが用意をしますが、私たちは利用者さんの状態を確認した上で「ご自身でできますよね、トライしてみてください」と自分でお茶を汲んでいただくように促します。その行為がリハビリになり、自立につながるからです。しかし、その真意が伝わらず「デイサービスなのに、サービスせんのか！」と怒ったりする利用者さんもいました。

目的をきちんと説明して納得していただくことはとても大切です。多くの場面でその説明を繰り返していたら、いつの間にか「日本一不親切な親切」というキャッチコピーが生まれていました。

1をアレンジして生み出したものが、過程を経て明確な0→1になっていったのです。

【考え方4】 過去を肯定し、今を否定する

0から1を生み出すことで新しい何かを始める場合でも、1をアレンジして結果的に新商品・新サービスを創出する場合でも、共通しているのは「新しい未来を創ること」です。

未来を創るために必要なこと——私自身が心がけていることは「過去を肯定し、今を否定す

る」という考え方です。

新しいものを創ることの裏側には、現状に対する不満足や改善の余地が存在します。それらを「自分だったらどうするか?」という視点で発想し、解決策を模索して行動することが、結果的に新しいものを生み出す原動力になるのです。

そのためには「今」を否定しなければいけません。「不満がないわけではないけど、こういうものだから仕方がない」と現状を肯定していては、新しいものを生み出す発想にはならないのです。


一方で、過去は変えられません。ですから過去を否定しても仕方がないと考えます。過去に関しては素直に受け入れてそこから学び、活かすことを考えるのです。

私の例で言うと、訪問リハで利用者さんの機能回復をしても、一般のデイサービスへ通って悪くなって戻ってくるのであれば、何のために利用者さんがリハビリをしているのかわからなくなります。私自身、自分のやっていることが本当に役に立っているのかどうか、わからなくなったという経験があります。

この現状を変えないといけません。それが「今を否定した瞬間」でした。

周りを見回すと、リハビリをするデイサービスはありませんでした。そのときに、自分のやってきたリハビリ技術をデイサービスの中に取り入れる、新しいサービスを作ろうと思ったのです。これが「過去の肯定」です。

訪問リハ後にデイサービスに行く利用者さんの声は「家にいても迷惑だから嫌々行っている」「他に行くような場所がない」でした。ならば、もしも行きたくなるようなところがあればどうか？　きっと行くはず。動くはず。そして、今より悪くならないはず。どちらがいいかは明白でした。

自分が考えることのほうが絶対にいい――その考え方は、リハビリをしてきた自分の過去の積み重ねを肯定することになりました。

過去を肯定するときのポイントとして、ふたつの考え方があります。

●否定するのはＮＧ
●反省するのはＯＫ

否定と反省は違います。前述の通り、人はどんな過去を持っていても変えることはできません。

例えば、私は高校時代、愛媛県松山市に住んでいたのですが、漫画『空手バカ一代』に憧れて、極真空手出身で「芦原会館」の創始者である芦原英幸初代館長のもとへ入門しました。しかし当時、不良少年だった私は事もあろうに喧嘩に空手を使ってしまいます。乱闘騒ぎで何度か謹慎処分を受けるような高校時代を過ごしました。

「乱闘騒ぎを起こして謹慎処分を食らった」などというのは、今振り返ると恥ずかしい過去です。

しかし、空手で自分を鍛えたこと、不良グループの中にも素晴らしい友人がいたこと、謹慎処分中に先生に課題で出された漢字の特訓をした結果、漢字検定1級が取れたり、親身になってくれた先生にリハビリの学校を紹介してもらったことなど、これらはすべて今に活きています。いや、むしろその経験があったからこそ今があると実感できるのです。

過去を素直に見つめて肯定し、その経験は何を学ぶべきものだったのかと反省することで、次に活かすことができます。こうした振り返りが、新たなものを創造するためのエネルギーに転換していくのです。

繰り返します。過去を否定しても今さら変えることはできません。否定したところからは何も生まれてきません。

過去を肯定し反省の中から学び、次に活かすことを考える。**経験に意味のない経験はないのです。**そこに隠されている意味を見出し、自分をさらに成長させるために今の自分を否定し、目指すべき自分に照準を当てることが大切です。

【考え方5】「活かすこと」を考える

介護保険が始まって1年後にデイサービス事業をスタートさせたとき、最初の事業所となったのは民家でした。海外赴任した方の自宅を借りて、小規模のデイサービスからスタートさせたのです。

当初イメージしていたデイサービスは、貸テナントを改修し、その中に日常生活を向上させるための機能訓練ができるスペースやプログラムを用意するというものでした。しかし、当時は資金的余裕もなく、民家を借りるのが精いっぱいだったのです。

当然、民家は大がかりな改修ができません。車椅子がそのまま入れるような玄関でもありませんでしたし、至るところに手すりを勝手につけるわけにもいきません。常識的に考えると車椅子も入らない事業所は致命的と言えますし、物件的にはデイサービスには不向きなものだと考えられます。

しかし、そもそもデイサービスに通ってくる人たちは自宅で生活している人です。そして今後も、その生活を望んでいる人たちです。しかも、私はすでに何年も障害のある方や介護が必要になった方のご自宅に訪問し、自宅という環境でリハビリを行っていました。

日本の住宅事情は、余程のお宅でない限り廊下幅も限られていますし、日常的に利用するトイレやお風呂も廊下の先にあるのが普通です。訪問リハの経験から、狭い廊下や直角に曲がった角は車椅子にとってはとても都合が悪く不向きだということを認識していました。しかし、逆にその狭さを利用して身体を預ける支えに利用したり、家具を杖や支え代わりになるよう配置を工夫することによって、車椅子に頼らない移動手段を確保しやすくなることもわかっていました。

そう考えると、わざわざテナントを改修しなくても、民家という環境を活かして日常生活を送る訓練をすることは、むしろ理にかなっているのではないかと思えました。

そして、手すりも玄関、お風呂、トイレの最低限にとどめ、階段や段差もそのまま利用し、「車椅子禁止」「バリアありー」という非常識なデイサービスが誕生したのです。

施設がオープンし、見学に来られたケアマネジャー（ケアマネ）の中には、バリアフリーでもない車椅子も入れないデイサービス施設を見て、「こんなところに利用者を紹介できません！」と怒って帰る人もいました。

しかし、私が目指していたのはこのような普通の環境でも生活できる力を利用者さんに取り戻してもらうことでした。

今となってはおかげさまで、生活する力を取り戻していく利用者さんが続出し、ケアマネにも支持される施設となっています。


この「活かす」という発想は、他の分野でも応用できます。

例えば、人の問題。ここでは活躍できない人がいたとして、その人に辞めてもらうのではなく違うところで活かすことを考えてみる。もしかしたら新しい場所で輝くかもしれません。

あるいは、「自分にとっては（自分の分野では）関係ないな」と思うことであっても、我が事として考えてみたり、あえて活かす方向で考えてみると、何かを取り入れて新しいサービスを生み出せる可能性が広がります。

活かす発想は、そのものの存在価値を見極めて高めることなのです。

この発想でモノを見たり考えているると、あなたのアンテナは磨かれます。感度が上がって、今まで見えなかったものが見えてきます。

違う例を紹介しましょう。現在、創心會ではデイサービスでビジョントレーニングというメニューを取り入れています。恐らく、介護施設への導入は日本で初めてでしょう。個人的に学んでいたビジョントレーニングを、自分の事業に活かした例です。

「ビジョントレーニング」とは、人間の視覚能力を向上させるトレーニングのことです。「ビジョン＝視覚」とは、それが何であるかを認識し、その情報を脳で処理し、対応すること、そのプロセスすべてを指します。空手をやっていたので、動体視力や周辺視野が大事になることとは経験的にわかっていました。武道やスポーツをやっている人、あるいは車の運転なんかにも重要ですね。これらもすべて「視覚」です。

ビジョントレーニングでは、例えば細い板の上に立って、天井から吊るした動くボールを目で追視しながら、そのボールに書いてあるアルファベットを読んだり、それをしながら同時に、視野の外から飛んでくるお手玉を払い落としたりします。

あるとき、こうしたトレーニングは自宅で安全に暮らしていくことを望む人たちのリハビリに活かせると思いました。

それまでは、主に転倒予防を目的とした筋トレマシンを取り入れていました。これはこれで有効だったのですが、それだけでは足りないと感じるようになっていたのです。

どれだけ筋肉を鍛えても、転ぶときは転びます。老いも若きも関係ありません。躓く理由は、筋力の低下だけではなく、躓くものが見えていなかったり、バランスを崩すことへの反応が鈍ったりすることも大きな理由になります。

それなら、見えるようにトレーニングをすればいい、反応できるようにトレーニングをすればいい。そこで個人的に学んでいたビジョントレーニングがアンテナに引っかかりました。自分なりにアレンジして、デイサービスのメニューの中に取り入れていったのです。

他にも、脳トレ（脳機能等の向上のためのトレーニング）もやっていますが、脳トレの権威の先生に会ってやり方を教えてもらい、脳卒中の後遺症リハビリに活かせる方法にアレンジして導入しています。そうやっていくと事業はどんどん展開していきます。

何でも活かそうとするちょっと貧乏性なくらいの人になるのが、ちょうどいいのです。

【考え方6】 感性や直感を大事にする

考え方のふたつ目で「数字や常識にとらわれない」とお伝えしましたが、では何を信じればいいのか。

それは「自分の感性や直感」です。リハビリ特化型デイサービスを始めるとき、自分の中で「このサービスを潜在的に必要としている人がたくさんいる」と感じました。

ですが読者の中には、自分の感性や直感を信じられない＝自分に自信が持てない人もいると思います。その気持ちもわかります。

「自分を信じる力＝自信」です。その源となるのが、前述の「我が事として考える」と「相手の立場に立って考える」です。

民家を利用したリハビリ特化型デイサービスをしていたときのエピソードで、思い出深いものがあります。

60歳前後の男性利用者さんでした。脳出血によって車椅子生活となり入院されていたのですが、外泊のついでにご家族が見学に連れてこられました。

彼を一目見たとき、「目に力のない人だな」という印象を受けました。こちらが話しかけても返事も返ってきませんし、ボーっと中空を見つめているだけで、身体もまったく動かそうとなさいませんでした。高次脳が広くやられてしまったのだろうと、そのときはそう判断したのです（あとでわかったことですが、目力・生気感の欠如の理由は、それだけではなかったのです）。

当時の我々のデイサービスでは、車椅子の使用を禁止していました。ですが、その男性利用者さんには明らかに車椅子が必要でした。そこで泣く泣く、私たちではお役に立てないことをお伝えし、お引き取りいただきました。

しかし数ヶ月後、再びご家族が男性利用者さんを連れてやってきました。

二度目に男性利用者さんを見たとき、私の中で前回と〝何か違う〟と感じました。相変わらず自発性はまったく見られなかったのですが、前回より少ししっかりしているように見え、直感的に「彼を診てみよう」と思いました。

この男性利用者さんの場合は、お尻を持ち上げようとしたときの動作と触感で、私の中で歩ける可能性が見え、最初の直感が「確信」に変わっていきました。

そしてふと、私の口から「歩けるようになるかもしれませんね」と言葉が出ました。するとその瞬間、（言葉は悪いですが）まるで生気のなかった彼がバッと目を見開き、「ほんまに歩けるようになる？」と聞いてきたのです。目に力がこもり、まるで生き返ったようでした。

それまで脳出血の後遺症で言葉も話せないと思っていたので少し面喰らいましたが、「それ相応のリハビリはもちろん必要ですが、なると思いますよ」と答えますと、今度は彼の目から涙がこぼれてきました。そのときには、もう彼をどうにかしてあげたい気持ちが、私を含めスタッフの中に沸々とわき起こってきていました。

私たちのデイサービスを利用するためには、せめて車椅子がない状態にならないといけないことを伝えました。車椅子がない状態でも動けるようになるために訪問リハからスタートすることを勧め、ご自宅の改修や福祉用具の提案もしました。

3ヶ月ほど訪問リハをして、男性利用者さんは寝たきりから立てるようになりました。そして、デイサービスに通えるようになり、厳しい歩行訓練の末、最終的に見守りが必要なものの、杖を突いて歩けるようにまでなりました。

あとで聞いた話ですが、脳出血になったときに医者から「あなたは一生、車椅子生活です」

と言われたそうです。そこでメンタルのシャッターが下りてしまったのです。そして、もしももう一度私たちに断られていたら、彼は福祉施設に入所させられることになっていたそうです。

直感や感性というと、曖昧なものに聞こえるかもしれません。ですが、あくまでも相手のためを思い、それまでの経験を通した正確な状況判断をし、その上で既成概念を取り払えたときの人間の直感力には凄いものがあると私は信じています。非科学的と言われるかもしれませんが、誰にでも備わっているものです。

あなたが迷ったときは、「そこには邪心がないか」「本当に人のためになるか」と自問自答してみてください。そうやってイメージしていくと次第に直感力は磨かれていきます。新しいことを始めても、世の中に必要とされなければ認められませんし、利用されません。「常識を破る人」になる種は、世の中に必要とされることを考えるところに眠っているのです。

「常識を破る人」になるための6つのやり方

では、続いて「常識を破る人」になるための3つ目、「やり方」です。

読者の中には「軸」や「考え方」よりも「やり方」を知りたい人がいるかもしれません。ですが、安易にノウハウやテクニック論に走ってしまうのはあまりお勧めしません。

なぜなら、考え方が間違った状態でノウハウを身につけても正しく使うことができないからです。自動車の運転のやり方を身につけても、安全運転の考え方を知らなければ事故を起こします。それと同じです。

そのことを踏まえた上で、読み進めてください。考え方と同じく、6つのポイントでお伝えしていきます。

【やり方1】　まず「自分が動く人」になる

何か事を成し遂げようと思ったら、絶対に必要になるものがあります。それが「周囲からの応援」です。一人きりでできることには限界があります。自分と志を同じくしてくれる仲間や、応援してくれる人たちがいるからこそ、できることは次第に大きくなっていくのです。

仲間を集めるためには「信頼」が必要です。仲間を信じ、自分もまた信頼される。その順番は、まず自分。次に相手です。

私の会社「創心會」には「創心の精神」というものがあります。

「創心＝心を創る」ですが、こう書くと「利用者さんの心を創ること」と思われるかもしれません。確かに最終的にはそれを求めているのですが、創るべきは、まず自分の心なのです。**相手の心を動かすために、まず相手の心に寄り添える自分の心を創らないといけません。**

「主体変容（＝周りを変えるためにはまず自分が変わる）」という言葉がありますが、創心の基本精神です。

様々な商品・サービスは、第一に利用者さんの困り事や悩みを解決するために存在すべきだと思っています。相手の心に寄り添える自分になり、相手をよく理解することが、相手の心を動かすきっかけになるのです。

もしもあなたが「どうして自分には仲間がいないのか」「なぜ尊敬を集められないのか」と考えているなら、まずここから始めてみてください。

【やり方2】 時間と負荷をかける

何か新しいことを始めると、必然的にそこへ時間を費やすことが多くなります。これは避けられないと思ったほうがいいかもしれません。

ビジネスでも習い事でも、またスポーツや武道でも、最初はある程度の量をこなさなくてはいけません。営業電話をかける量、練習をする量、基礎体力づくりのためのトレーニングの量……量をこなすことで、それは「質」に変化していきます。

そして、さらにそこへ「負荷」をかける。すると、「地力」がついてきます。

私は起業したときに、あることを決めました。

それは「一日12時間以上働く」です。8時に出社をしたら、何があっても8時まで帰らないことにしました。働く時間の「量」です。

さらに、仕事のリズムができてからは「人の3倍働いて、人の倍稼いで、人並みに遊ぶ」ということをモットーにして負荷をかけました。

実際、数年間はほぼ〝365日仕事仕事〟の日々を過ごし、年間労働時間が4000時間を超える時期もありました。恐らく、日本で一番働いている作業療法士じゃないかと思っていました。タフに仕事をしていたときは意外にも目標に向かう充実感に満たされて、疲れ知らずで働けたのです。

私は、同時に質もアップさせていくようゲーム感覚で、働く時間に負荷をかけていきました。訪問リハで利用者さんの家を一日5件回っていたところを6件にする、7件にする、8件にする。時間がいっぱいになったら、出勤・退勤時間を30分ずつズラしてもう1件増やす。もしくは1件ごとの時間を圧縮して、総時間を変えずに質を上げる。

すると面白いもので、時間を少なくした分、技術的精度が上がりました。その人が必要なものに目が行くようになり、短い時間でも従来と同等かそれ以上のリハビリ効果を出すことができるようになったのです。

質を上げていくためには、集中的に時間を費やすことに加え、そこに情熱を注ぎこむことが重要です。

日本の明治維新の理論的支柱となった私塾に、吉田松陰の作った『松下村塾』があります。

高杉晋作や久坂玄瑞といった幕末志士、伊藤博文や山縣有朋といった明治維新後の日本を作った偉人たちを排出し、近代民主化の「明治」という時代を実現させました。

諸説ありますが、吉田松陰が松下村塾を開いていたのはたった1年4ヶ月です。しかし、彼にとっては、燃えるような日々の積み重ねだったに違いありません。

このように短期間であっても、命がけで情熱を注ぎこむことで、後世に名を残すような偉業もなし得るのです。

私もちょうど30代で仕事もわかってきて、気力も体力も充実していましたから、量をこなして技術力を向上させ、経験値を増やし、感覚を研ぎ澄ませ、20分間という間隔も時計を見ずにぴたりと当てられるほどにまでなりました。気がつけば、利用者さんはみるみる増えていき、結果的に事業の売上もアップしていったのです。

もしも今よりもう一段階上のレベルに行きたいなら、一番簡単な方法は時間と負荷をかけることです。あなたなりのシチュエーションで考えてみてください。

【やり方3】 困難と戯れる

「若いころの苦労は買ってでもしろ」という言葉を聞いたことがあると思います。なぜなら、すべての苦労には意味があるからです。さらに言うと、「この苦労には意味がある」と考えて真剣に向き合っていけば、必ずその経験はその後の人生に活かされるからです。意味のある苦労をしていると、それは確実にあなたの血となり肉となって身につきます。だから、苦労は〝買ってでもすべき〟なのです。

意味のある苦労をするためには、「何のためにやるのか」という目的意識が大前提として必要になります。その軸がブレてはいけません。

私は目的を持って、価値あるものを創ろうとしていました。だから意味のある苦労ならば、その先には必ず価値あるものがあるはずだと、行動し続けました。

先にも述べましたが、一時期の私は年間4000時間働いていました。しかも、それが3年ほど続きました。単純計算で1ヶ月350時間近くです。休日なし&一日10時間働く日々が1000日続く計算ですね。書いていて恐ろしくなりました（笑）。

最初は朝8時半からスタートしていた訪問リハを、枠がいっぱいになって8時に、そして7時半に。夜は5時までだったものを6時、7時……最後の人は8時台にしてもらってなどとしているうちに、労働時間は増えていきました。

食事は車の中で食べられるおにぎりやサンドイッチ。車を降りてからもダッシュで利用者さん宅へ移動。外回りが終わって事務所に帰ってからも事務処理をしたり、厚生大臣に認可をもらうための書類（電話帳くらいの分厚さがありました）を夜中の1時まで作っていたりしていたことを覚えています。

「そこまでしなきゃいけないのか」と思うかもしれません。

ですが、非常識なことを成し遂げたいと思って、自分の中に目的がきっちりと決まっているなら、困難とも戯れる覚悟が必要では、と私は思っています。

あの時期がしんどくなかったと言ったら嘘になります。しかし、そんなときには「しんどいけど、これは成長している証拠」と考えることにしたのです。私の中には常に「人生苦しいときが上り坂」という言葉があります。もちろん、しんどい渦中にいるときは逃げ出したくなることもあります。

ですがそんなとき、心の支えになってくれたのはスタッフや利用者さんの笑顔と言葉でした。

事を為したときの具体的なイメージ、つまり、私の場合は利用者さんを笑顔にするという強い想いがあったから乗り越えられた……そう思います。

あなたがもしも同じ立場に立つとしたら、「自分のやりたい事業展開ができる」「成功者になれる」などの前に、誰を、何をどうしたいのか？　具体的なイメージを持ってみてください。

【やり方4】　あきらめの悪い人になる

年間4000時間の仕事を3年ほど続けていた理由を、お話しします。

これには、そうせざるを得なくなった〝ある事情〟という側面もありました。お恥ずかしい話ですが、ある日突然全社員が一挙に退職したのです。

忘れもしない、私の33歳の誕生日でした。訪問リハの外回りを終えて事務所に帰って一息ついていると、待っていたかのように一人の女性社員が近づいてきて、「これを受け取ってください」と一枚の封筒を差し出しました。

最初はバースデー・カードかと思ったのですが、すぐにそうではないことに気づきました。封筒には「退職届」と書かれてあったからです。

とりあえず受け取ると、まるで火ぶたを切ったように次から次へと社員たちが席を立ち、同じようにどんどん封筒を置いていきました。もちろん、そこにも「退職届」の文字が。

全員が、会社を辞めると言い出したのです。全身の血が逆流していく感覚になり、頭の中が真っ白になりました。


開業当時から、私は作業療法士として訪問リハビリをやっていたのですが、社員たちには訪問の看護や介護、相談などの仕事をしてもらっていました。

しかし、まだ介護保険の法律が整備される前の時代で、国や自治体からの補助も一切ありませんでした。一般家庭が高齢者の看護や介護をしてもらうために介護業者に家の中まで来てもらう、ということすらまだ浸透していません。

保険制度が整った今でもそうですが、介護の事業は、ある程度の数をこなし、効率的に行わないと経営は成り立ちません。保険のなかった当時では、なおさらでした。効率が悪いと、仕事をすればするほど赤字になってしまう状況も、冗談ではなかったのです。

そんな時代で、思うように仕事を取れないことに苛立っていた私は、いつの間にかスタッフに対して厳しく注意をしたり、「もっと積極的に仕事を取って来い！」と無茶を言ったり、社員が私語でムダな時間を使うことにもイライラしていました。言葉に出して言わないまでもそのイライラは、私の表情から全社員に伝わっていたのです。

それがすべての原因というわけではないでしょうが、事務所の雰囲気は悪くなり、恐らく一人が辞めると言い出し、他のスタッフも賛同したのだと思います。

悪夢の誕生日の翌日、私は訪問リハビリの仕事を続けながら、次第に事の重大さを実感していきました。

誰も出社してこない事務所に一人座り、彼女たちがやっていた仕事をすべて洗い出して優先順位を決めていると、どう考えても一人でこなせる量ではないことに気づきました。

事務員がいないので雑務もたまる一方。当然、私の労働時間は膨らみ、まさに寝る暇もない状態でした。年間４０００時間労働の始まりでした。

誰もいなくなった事務所で自分の仕事をする傍ら、私の頭にあったのは、とにかく利用者さんにだけは迷惑をかけない、ということでした。

それだけが私に残された、たったひとつの救いの糸だったからです。

幸いこのような状況の中でも妻は自ら介護の資格を取って献身的に支えてくれ、近所の看護師さんも、ヘルプしてくださり、何とか倒産だけは免れました。

普通なら事業からの撤退を考えてもおかしくない状況でした。あとになって知ったのですが、周囲の友人から「もうあきらめたほうがいい」「手を引かせてあげたほうが二神のため」という声もあったそうです。

ですが、私はあきらめませんでした。

自分のやりたい事業を何としても成し遂げよう、という強い想いがあったからです。それに自分はサラリーマンにはなれないとも思っていました。あきらめて撤退して、今からそっちに戻れるとは到底思えませんでした。

それより何より社員は辞めてしまっても、利用者さんのニーズは残されたままです。綺麗事に思われるかもしれませんが、人のためになる仕事をしたかったのです。

こんなにつらい出来事があったにもかかわらず、現在、そして未来のことを思えば、あのときにあきらめなくて本当に良かったと思っています。この経験によって、経営者として学び直そうと決意することになります。それが現在の「何より社員の幸福を願う経営者であれ」という思いに至っています。

私が肯定し、今に活かしている過去のエピソードのひとつです。

【やり方5】 小さいエリアでナンバーワンを目指す

「はじめに」で「常識を破る人になると言っても、高い山に登る必要はない」とお伝えしました。というより、まずは小さい山で常識を破り、どこかの分野で一点突破し、それを全面展開（＝普及）させるのが私のやり方です。独自の要素があれば、それも可能です。

そもそも訪問リハを始めたのは、先輩から学ばせてもらったことがきっかけです。当時、訪問リハをやっている人は、数は少ないながらも他にいました。そのまま事業を始めてもただのマネにしかなりませんでしたし、一番にもなれなかったでしょう。

私が見つけた一点突破ポイントは、介護にリハビリをミックスさせたことです。そして、自立支援ができるケアシステムを創ろうと考えたこと。これにより独自のサービスに発展したのです。

起業して訪問リハを始めた当時、珍しかったこともあって口コミで広がり、半年ほどで手が回らなくなるまでになりました。人を増やさないといけない――そう考えた私は、作業療法士の学校に求人へ行ったり、ハローワークに求人を出したりしました。

ところが、まったく相手にされませんでした。その当時は資格を取ったら病院に就職する作業療法士が一般的で、病院でもない事業所に就職しようと考えるはずがなかったのです。

しかし、これが功を奏しました。地域ケアネットワークの集まりに所属していた私は、そこに集う人たちや仕事先の特別養護老人ホームで「これからは在宅ケアだ」という夢を語りました。当時は、飲みに行ってもどこに行っても、恥ずかしいくらい熱く語っていました。

すると面白いことに賛同者が現れ、困っていた人財も確保でき、訪問リハ、訪問介護、訪問看護、住宅改修などの多職種による包括ケアチームができ上がっていきました。しかも、タイミングは奇しくも介護保険制度開始直前で、制度スタートとほぼ同時期に私たちもスタートを切ることができたのです。おかげで介護保険事業ではいいスタートダッシュができたと思っています。

もしも、起業後にリハビリの求人が難なく成功していたら、作業療法士だけを集めた単なるリハビリの組織としてスタートしていたことでしょう。多職種のケアチームの力量に気づくのが遅れていたでしょうし、今の創心會の形はなかったかもしれません。介護の人にリハを教えつつ、介護+リハという小さな山を目指したからこそ、できたのだと思います。

さらに、介護保険制度ができてから1年後にはリハビリ特化型デイサービスをスタートさせ、車椅子、レク、カラオケ禁止のデイサービスにしました。それによって非常識だけれども新しい領域が創れたと思っています。そこから数年間はまさに独走状態でした。


今や創心會と似たようなサービスを提供するところは全国あらゆるところに増えています。20年前は創心會だけだったものが、今は全国に数千事業所はあるでしょう。もちろん、岡山にも山ほどあります。

ですが、それはそれだけ利用者さんのニーズがあり、これはいい！　と感じてくれている人が存在しているという証拠でもあるのです。この事業を起こすにあたって最初に感じたことは間違っていなかったと感じています。

【やり方6】　捨てる勇気を持つ

一点突破をすると決めたら、目的に合わせてブレることなく、目的からあぶれてしまうものは「捨てる勇気」を持つことも大切です。

例えばデイサービスで言うなら、私はレクリエーションやカラオケなどを禁止しました。それは目的に沿った上で、あえて〝捨てた〟のです。

しかし、世の中にはカラオケをしたりレクリエーションしたい利用者さんがいるのも事実です。

そういう人は、そういうことをしているところへ行けばいいのです。もしくは、うちに通って元気になってから思う存分、友達とカラオケへ行けばいい。

そこで「申し訳ない」と考えて誰でも彼でもお客さまを受け入れていたら、彼らが望むサービスを甘んじて提供していたら、目的を失っていきます。

もしも、そうなったらどうなるでしょう？　他と同じサービスを提供する他と変わらない事業所です。しかも規模は小さい。最初はいいかもしれません。でもやがて、より設備の整った施設にお客さまは惹かれていきます。本来の目的と想いを持って始めた創心會ではなくなります。

捨てる勇気を持つことが怖いのはわかります。

非常識なことをすることは勇気がいります。それでも、こうと決めたら勇気を持ってください。すべての根本となる「軸」という土台の上に、正しくノウハウを使うための「考え方」を持ち、その上で「やり方」を進めていく。この順番も忘れずに、あなたらしく挑戦し、常識の壁を打ち破っていただきたいと思います。

第2章

「日本一不親切な介護施設」がやってきた10の取り組み

第1章では、私の自己紹介も含めた〝非常識な〟考え方についてお伝えしました。

現在では、創心會はデイサービスや訪問リハビリ以外にも数多くの事業を展開しています。それは、第1章でお伝えした「軸」や「考え方」をベースに、介護業界の常識を打ち破り続けるための「やり方」を広げていった結果と言えます。

そこで本章では、自分の想いを実現するために広げていったシステム＝創心會が行っている10の取り組みについて、お伝えします。一般の介護事業者ではやっていない非常識な取り組みもあります。

「非常識力」を身につけることで、これだけの展開ができるひとつの例として、読み進めてもらえたらと思います。

1 介護保険制度導入前から、介護にリハビリを導入

2000年4月に、日本に介護保険制度が誕生しました。これによって、日本の介護の世界は大きく変わりました。

そもそも、介護保険制度とは何か。「言葉は聞いたことがあるけど……」という人も少なく

ないと思いますので、ここで簡単に説明します。

介護保険制度とは、事故や病気、加齢によって介護が必要になった高齢者を、社会全体で支えていこうとする仕組みのことです。例として、国民健康保険を考えてもらいたいのですが、あれは国民全員の健康をお互いで支え合う仕組みであり、コンセプト的には、同じものと考えてください。保険料の決め方は各健康保険組合によって違いがありますが、日本国民は40歳になると加入が義務づけられます。


では、2000年の制度誕生前は、介護の世界は誰が支えていたのか？

一言で言ってしまえば、個人が個人を支えていました。家族が要介護者・要支援者を介助する。または介護を受けたい人は、行政に認められなければサービスを受けられませんでしたし、どんなサービスを受けるのかを決めるのも行政が行っていました。

さらに介護施設も不足していて、介護が必要な人に対する受け皿が不充分でした。結果として、自宅での介護をせざるを得なくなって家族の負担が大きくなったり、医療を受ける必要性のない高齢者が病院に入院するような例（社会的入院と言います）も数多く見られました。

しかし、介護保険制度の導入は、これらの状況を一変させました。

私が在宅医療の現場に足を踏み入れたのは、1992年10月。介護保険制度がまだない時代のことでした。当時の私は、作業療法士としての業務をメインで行っていました。

その経験から、在宅生活を支えるためには「リハビリ」が重要だと強く感じていました。病気やケガや老化などでできなくなってしまったことを〝できないまま〟にしておくのではなく、リハビリを通してできるようにしていくことが、これからの超高齢化社会を迎える日本に必要なことだと考え、1996年5月、創心会在宅ケアサービスを開業して、訪問リハ（在宅でのリハビリテーション）を開始したのです。そして翌年に法人化、さらに事業を展開し、介護保険制度が誕生した年に株式会社創心會へと組織変更しました。

2 目的別リハビリに特化したデイサービス事業の展開

介護保険制度が始まって約1年半後、リハビリ特化型のデイサービス（通所介護サービス）事業を開始しました。

当時、リハビリ特化型の施設は他になく、地域の先駆けだったこともあってか、最初は苦戦しました。しかし実際に利用者の口コミでの評価が高まるにつれ一気に広まっていったのです。

前述した通り当時デイサービスを利用する男性はかなり少なかったのですが、私たちのデイサービスには多くの男性利用者さんが集まり、中には9割が男性利用者さんで占められる曜日が出るセンターもあったほどです。

リハビリというと、一般的には「悪くなったところを元に戻す」というニュアンスで認識されている人も多いと思います。ですが本来、リハビリは様々な障害を持った人々に対し、その障害を可能な限り回復させ、残された能力を最大限に高めて、身体的・精神的・社会的にできる限り自立した生活が送れるよう援助するものです。人によってスピードはまちまちでも、将来的には地域で活躍できる場所に戻っていけるようにすることが必要だと思いました。それがリハビリ特化型のデイサービスを作った理由です。在宅リハを真剣にやろうと思ったら、このような場所やサービスの存在は不可欠だという結論に至ったのです。

もちろん、人によって要介護の度合いは異なります。ですから、こちらが一律にメニューを用意するのではなく、4つの類型に分けて、相応しいところに通ってもらえるようにしました。

創心會のスタンダードなデイサービスという位置づけで、一日を自宅での生活に近い環境で過ごしてもらいながら、日常生活上での活動能力を高めるためのリハビリを行う**「リハビリ倶**

楽部」。

日本家屋で暮らすことを想定した上がり框《かまち》や意図的な勾配を用意し、手すりも最小限にしています。トイレも引き扉で1畳程度、お風呂や洗面所も一般家庭のものと変わりません。利用者さんが生活の多くの時間を使う「家」での活動を想定した造りになっています。

要支援〜要介護1・2の方までを時間帯で分けて迎え、介護予防や能力開発型の短時間で集中的にリハビリを行う**「元気デザイン倶楽部」**。

ここでは入浴も食事もなし。今は車椅子だけどいつか自分の力で歩きたい、すでに杖なしで歩けるけど、もう一段回復したい、旅行に行きたい、遠出したい、人ごみでも歩きたい人たち。趣味でスポーツをしたい人や、仕事復帰を考えている人、もう一度車の運転にチャレンジしたい人、今以上にパフォーマンスをアップさせたい人向けの場所です。現在、全国で普及しているリハビリつきデイサービスの基本が詰まっています。

トレーニングマシンやビジョントレーニングの設備（これはすべてのデイサービス施設にあります）、さらにアスリートがやっているメンタルトレーニングを想定した脳波測定器もあり、集中力を高めて、ポテンシャルを発揮できるようにリハビリやトレーニングをします。

自分を追い込んでトレーニングを行うのではなく、現状をキープして今の生活を維持したい後期高齢者向けにリハビリを行う**「百年煌《きらめき》倶楽部」**。

高齢者と言っても、65~100歳までで35年の開きがあります。それこそ親子以上の年齢差があっても「高齢者」とひとくくりにされてしまう。これにはとても違和感がありました。「リハビリ倶楽部」に比べてトイレやお風呂が広めだったり、車椅子移動も可能にし、無理なく続けやすいトレーニング環境で、焦らずいつまでもきらめいて暮らしていきたい人を支援しています。中には、どうしても車椅子がないと生活できない重度の要介護者や、進行性の神経難病の方、医療措置が必要な方なども、対応できるゾーンを設けてケアを行っています。

認知症の方を対象に五感を刺激して脳を活性化し、認知機能の改善や、脳の健康状態を維持・増進するリハビリを行う**「五感リハビリ倶楽部」**。

かつてお茶の間の人気者だった100歳姉妹の「金さん・銀さん」をご存知でしょうか？実はお二人は認知症だったそうです。でもそんな気配すら見せずテレビやCMに出たりしていました。

厚生労働省の発表によれば、2025年には65歳以上の人の三人に一人が認知症になると予想されています。認知症はもはや「国民病」とも呼べる状況です。

ただ、認知症も症状は様々で、すべての人が身体的な介護を必要とされるわけではありません。時間の概念や記憶のキープが難しいだけで、元気に運動したり、人との交流を楽しむこともできます。

ここでは、認知の基本となる五感への刺激によるリハビリと、精神的なケア・心のセラピーに重きを置いています。もしも徘徊があっても大丈夫なように小さな庭を併設し、思いのままに歩いてもらうこともあります。歩行訓練にもなりますし、気持ちよく疲れて夜はよく眠れるようになります。


おかげさまで「リハビリ倶楽部」は、2018年に岡山市から、利用者さんの日常生活機能の改善で成果を上げた事業所に贈られる「デイサービス改善インセンティブ事業」で表彰を受けるまでになりました。

「要介護度が下がった」や「車椅子生活だった人が自力で歩けるようになった」など多数の利用者の方々の喜びの声と共にいただいたこの賞は、私たちスタッフにとって、仕事に対するモチベーションや心の支えになっていることは言うまでもありません。

3 人財支援サービス会社「ハートスイッチ」

創心會にはいくつかのグループ企業があり、それぞれ役割は異なるものの、同じ目的へ向けて理念を掲げています。そのうちのひとつが、就労支援や介護人財の育成・紹介を行っている人財支援サービス会社の**「ハートスイッチ」**です。

利用者さんがリハビリを行い、できなかったことをできるようになってもらうために必要なのは、利用者さん本人のやる気です。

では、その心にスイッチを入れるのは誰か？　やはり職員なのです。

ならば、職員自身のハートにもスイッチが入っていないといけない。利用者さんの心に響く職員のやる気とモチベーションという環境づくりが根本的に必要であると考えつき、社名の由来にもなりました。

介護業界には働き手によるある種の問題点が存在します。そのひとつが「人が集まりにくい」ということです。

人が集まらない業界＝慢性的な人手不足ということになり、当然ながら既存のメンバーの負担は増え、モチベーション低下、さらなる離職……という負のスパイラルに陥ってしまいやすくなります。

しかし、介護とは本来、とてもやりがいのある仕事で、世のため人のためになる仕事です。また将来的に、日本が世界をリードし、手本とされる可能性もある仕事なのです。ですから介護職員は社会貢献していることを実感でき、誇りを持てる仕事だと私は考えています。

そのような考え方を基に、以前から考えていた技術ノウハウの構築、教育の在り方、研修の方法、そしてコンサルティングのやり方を具現化するために、２０１１年に「ハートスイッチ」を設立しました。会社の利益の一定部分を社会貢献事業にあてるために企画したのです。

30年、50年先の未来を見据え、安心してみんなが老後を迎えられる社会にしたい。そのために私たちができることは何か？　老いだけではなく、病気や障害によっても介護という職業は必要になります。将来的に質の高いサービスを提供できる介護人財を、今のうちから育てていくべきだという使命感がありました。

福祉・介護サービス分野において、やる気のある人財を育成し、さらにその人財がモチベーションを高く持ち続けられる職場づくりをサポートしています。

また日本語学校と連携して、外国人留学生のアルバイト先としても全国に先駆けて開放し、一般の介護職と同じように利用者さんの生活のお世話をしてもらっています。食事の提供や手洗いの介助、リハビリの介助など、資格がなくてもできることを主な業務として担当してもらっています。

2018年も6名のネパールの人たちを雇用しました。政府が介護業界への外国人労働者の受け入れ拡大を方針として打ち出したときには、その実態の調査を兼ねて、各種メディアから取材が入りました。

さらに「ハートスイッチ」では、就労を目標とする障害者の方向けに「就労移行支援ハートスイッチ」を県内の駅前などに構え、学校形式で一般就労へ向けての支援を行っています。その人の「できる」に着眼し、作業療法士を始め、福祉職・企業経験者の専門チームで、その人に合ったアプローチを行い、社会で必要なスキルを身につけ、成長できるように支援しています。また、一度は社会に出てがんばったけれど、職場や仲間とうまくなじめず働くことに疲れてしまった人も、問題解決能力を磨きながら、じっくりしっかりと社会復帰の準備ができる場として機能しています。

4 障害者、高齢者の就労支援「リンクスライヴ」

人間、生きていれば何があるかわからないものです。

突然の病気にかかったり、不幸な事故で後遺症を残したり。例えば脳梗塞で体に麻痺が残ってしまった、事故の後遺症で機能障害が残ってしまった……といったことは、ないに越したことはないのですが、誰の身にも起こりうる可能性のあることです。

障害を持ったことによって、これまでできていたことができなくなる影響は、体の不自由だけにとどまりません。「できる自分」というそれまでの自分を形成していた心にも大きな影響を与え、心に影が差し始めるのです。

創心會では、リハビリを通して利用者さんの「できること」を増やすサポートをしていますが、ここで問題となるのが復帰先の問題です。

障害を持ったことによって、これまでの仕事ができなくなった、生活に支障が生まれてしまった人が、かつてのように社会に戻ることはなかなか難しいことです。

「リンクスライヴ」は、そのような方々が当たり前に社会活動を行い、自身の役割や居場所を持ち、それを果たしながら生活を送れるよう、活動の場や社会参加の場を生み出すことを目的に、2011年に創設しました。

人は社会の中で何かしらの「役割」を持ちたいものだと思います。仮に、障害を持っていたとしても「できること」は数多くあります。その「できる」ことを活かして社会とつながることは、その人らしく生きるためのことであり、社会にとっても有益なことになるはずです。そして、それらを支援するための社会資源があまりにも少ないのであれば、自分たちで創ってしまえばいい！　それが「リンクスライヴ」が生まれたきっかけです。

具体的には就労継続支援事業A型とB型に分かれています。

A型では、65歳未満の障害者手帳を持った方、進行性難病の方などを対象に雇用契約を結び、スタッフとして介護事業者への配食事業や野菜や果物の皮むき作業などの請負作業の仕事をしながら、一般雇用に向けての就労訓練を積みます。「一般社会への入口になれるような支援」がコンセプトです。

B型では、対象は同じでもこちらは年齢制限を設けず、障害者支援サービスの利用契約を結びます。そして、介護保険事業所の契約書やファイルインデックスの作成などの創心會の総務作業受託、近隣企業からの自動車部品の緩衝材づくりやペットフードの袋詰め作業の受託などの活動を通じて、作業能力や社会性などの能力の向上を目指します。「もっと『できる』をもっと『知ろう』」をキーワードに、障害があっても社会の中で活き活きと生活できる可能性をつかめる場所であることがコンセプトです。もちろん、報酬も支払われます。

どちらもリハビリで心身機能を回復し、就労に意欲的な利用者さんの就業の場として機能しています。

他にも、笠岡市にあるA型事業所では、次にお伝えする「ど根性ファーム」で生産したネギの出荷準備やカットネギの製造など、リハビリで回復した人を社会に戻すため、仕事を通じて自分を表現し、社会参加を促進する場所になっています。

5 農業と福祉連携の農地所有適格法人「ど根性ファーム」

2012年に設立された**農地所有適格法人「ど根性ファーム」**は、創心會の利用者さんに向けて実践的なリハビリと社会で活躍できる場を提供する狙いがありました。さらに、岡山県で広がっていた耕作放棄地問題（農家の高齢化と労働者不足、後継者不在によって田畑が放置されてしまっている問題）と、若者の農業離れを若い力で何とか解決したいという想いもありました。

先にお伝えした「リンクスライヴ」との連携では、デイサービス利用者さんやデイサービスを卒業した人の就業の場として、また創心會との連携では園芸療法の場としても利用されています。

「ど根性ファーム」では、岡山県笠岡市内の4ヘクタールの農地でネギを栽培しており、生産量は年間80トンにも上ります。現在では加工施設を建設し、青ネギを細かく刻む機械などを導入して加工も行っています。

加工したネギは地元のうどん屋、ラーメン屋などの飲食店のほか、グループの福祉施設などにも供給しています。加工していない場合はキログラムあたり250円程度で、買い手の要望に応じて加工した刻みネギの場合、キログラムあたり550円程度の出荷価格になります。

加工によってアップした売上は、障害者の処遇改善に当てられます。

この**「ど根性ファーム」**は、私の中での「農福連携」のモデルイメージです。

高齢者や障害者がリハビリの一環として農業を行えば、人手不足や後継者不足で困っている多くの地域で農業従事者を輩出できるかもしれません。就労世代の人にとっては、障害を持ちながらも就労活動をすることで社会貢献の一環にもなるでしょう。

さらに加工施設の新設については、「ネギを加工することによる高付加価値化と高齢者・障害者の社会参加促進による農福連携」として国の6次産業化認定も受けました。福祉と農業の連携した事例は珍しいとのことでした。ちなみにこのことは、日本経済新聞の記事にもなりました。（2014年12月13日付）。

また2019年3月には、就労支援として6次産業化（製造、加工、販売までの同一法人でやることを言います）を通じて高齢者・障害者の積極的な雇用拡大、賃金確保を行ったことに対して、平成30年度農林水産省優良事例表彰（6次産業化アワード）で奨励賞・農福連携賞をいただくことができました。

このことは、私やスタッフのみならず「ど根性ファーム」で働く高齢者・障害者にとっても、社会の一員として働いているのだという自負にもなります。

6 児童発達支援事業所「心歩《ここあ》」

訪問リハで家々を回っているうちに、気づいたことがありました――それは、介護を必要としているのは高齢者だけではない、ということです。生まれつき身体的な障害（肢体不自由、脳性麻痺など）を持っている子もいれば、発達障害を持って生まれてくる子どもたちも少なくありません。

そういった子どもを持つ親たちの心配事は「自分たちが死んだあと、子どもはちゃんと生きていけるのか？」ということです。確かに、もしも自分が同じような状況だったとしたら、周囲を見てそういう場がなければ、彼らが大人になってちゃんと自立できるのかが心配になるでしょうし、自分にその場を作る力があるとしたら、用意したいと考えるでしょう。

そういった方々の人生を支えるために、２０１４年にスタートした**児童発達支援事業所「心歩《ここあ》」**では、０歳～18歳までの子どもたち（特に、幼少児から小学生）に支援を行っています。

学習や勉強で躓《つまず》くところ、身の回りのこと、人とのコミュニケーションがうまくとれない問題や相手の気持ちを考えることなどをサポートしています。他にも、運動が苦手であれば縄跳びなどの遊びを通して訓練を行ったり、自らの意思を主張したり自主性を促すために、これといった明確なメニューをあえて設けず、自ら考え、選択させています。そして最終目標である経済的自立に向けて支援を行っています。

さらに、高齢者介護やリハビリ特化型デイサービスで培ったビジョントレーニングも導入して、脳機能や発達の障害があったり、両目がうまく使えなかったり、漢字や数字が認識できない子どもたちの支援もしています。恐らく、発達障害児へのビジョントレーニングの導入は、介護事業者としては私が最初に始めたことだと思います。

創心會グループは今後、生まれてから亡くなるまでを包括的に、保健・医療・介護・福祉の観点から支援していく方針で進んでいく予定ですが、そのひとつの形――幼少期から少年期にかけての支援の場所が、「心歩」なのです。

7 ワンランク上の介護職員「創心流リハケア専門士」

ここまでにお伝えしてきた社外へ向けての取り組みだけではなく、創心會では、社内のレベルアップに向けた取り組みにも力を入れています。

そのひとつが**「創心流リハケア専門士」**の育成です。

創心會では「本物ケア」という考え方を基に、利用者さんの自立を促すケアを「リハケア講座」にて学術的に教え、実践しています。「できることは自分でやる」という自立的活動度を高める取り組みを行っているのです。

またハード面では施設内に段差や傾斜などをわざと残して、「バリアフリー」よりも「バリアあり―」な環境をあえて作っています。とはいえ、こういった環境は常にリスクと隣り合わせです。転倒などの事故の発生率も高まります。

この相反するふたつの課題を解決するため、そして職員のスキルをアップさせ、創心流のリハケアを徹底するために、「創心流リハケア専門士」という社内資格制度とその講座を開講しました。

これまで在宅ケアの現場で実践してきた内容や培ってきた経験を体系化し、基礎理論としてまとめ上げ、社員に伝えていこうと考えたのです。

それが創心流リハケア理論であり、それをベースにリハケア講座が誕生したのです。これを学ぶことで職員はリハビリケアの専門家としてワンランク上の知識と技術を身につけることができます。

もちろん、講座を受けるだけで資格が取れるような簡単なものではありません。グループワークを含んだ1回90分の講義を、月2回のペースで1年間受講してもらいます。最終回には検定テストがあり、合格点は60点以上。正社員は入社から3年以内の合格を目指してもらうのがルールです。さらにリハケア専門士としての資格を得るには80点以上が必要になります。

リハケア専門士の導入により、社内的な効果として、職員が創心會独自の考え方を共通言語で語れるようになり、受講を終えた1年後には新人でも非常に発想力豊かな目標を立てられるように成長しています。

8 独自の社内資格制度「生活力デザイナー」

リハビリテーション理論や運動療法、利用者さんと一緒に生活目標を計画・立案する手法や専門知識を持った、ワンランク上のスタッフ**「生活力デザイナー」**は、リハビリの専門職との互換性のある介護スタッフを育成するため、教育カリキュラムを作成し、オリジナルの社内資格制度として創設されました。

私自身のリハビリに対する考え方は冒頭にお伝えしましたが、利用者さんが自分の人生を主体的に送る（私たちが当たり前にやっている、「したい」と思ったことを当たり前に自分でできる状態と思ってください）ためには、依存型の「やってもらうリハビリ」から「共に行うリハビリ」、そして「主体的に行うリハビリ」へと転換していかなければいけません。

そのためには、デイサービスの職員たちのリハケアのスキルアップが欠かせないと考えました。療法士と呼ばれる資格者だけではなく、すべての職員がリハケアに従事している自覚を持ち、利用者さんの主体性を促していけるようにならなければいけないと考えたわけです。

生活力デザイナーの制度は3級から始まり、上級へとステップアップしていきます。

2級を受験するためには3級の取得はもちろんのこと、3級としての業務経験や、前述の「創心流リハケア講座」を受講し、講座の検定試験に合格することが必要です。

あえてハードルを高く設定しているこの制度ですが、おかげで生活力デザイナーの存在は創心會のデイサービスのコンセプトとリンクして、独自性を出せるようになりました。生活力デザイナーのレベルアップと共にグレードの高い機能訓練サービスにも対応できるようになり、心身機能の回復の先にある利用者さんの新しい需要を見出すことにもつながったのです。

ちなみに生活力デザイナーの資格はあくまで社内資格で、国家資格ではありません。実はこの資格に対して、過去に県の指導課から物言いがついたことがありました。「社内資格である生活力デザイナーを、利用者さんがリハビリの専門家と勘違いをして惑わすことになる」というのがその理由でした。事業所名が「リハビリ倶楽部」となっているので、それも紛らわしさの一因だったのだと思います。

生活力デザイナーには専用ユニフォームを着せ、利用者さんの機能訓練も行っていました。県の指導課は、生活力デザイナーたちが制服を着ることと機能訓練をするのをやめさせようとしたのです。

もちろん、教育はきちんとしていました。しかし、介護事業は公金＝国や県などのお金を使う事業です。指導する側の立場も理解できます。そこで、根拠だった理論に基づいていること、障害者の回復や自立支援のために必要なこと、創業時からの経緯と想い、そして、創心流のリハケア理論と生活力デザイナーのテキストや試験内容などを綴り、分厚いファイルにまとめて提出し、ようやく理解を得ることができたのです。

創心流リハケア専門士と生活力デザイナーは、既成の資格では身につかない水準の知識や技術を要求されます。

一般的にポピュラーな介護資格にはヘルパー2級や介護福祉士といったものがあります。それを否定したり、レベルが低いものだとも決して思いません。ですが、それだけでは物足りないと思うのが欲張りな私の基準です。

介護報酬として公金を使う事業をしている立場だからこそ、こういったプロ集団を作り上げる仕組みを、社内に構築しているのです。

9 専門職への実績を積み上げる社内チャレンジ「本物ケアジャーナル」「本物ケア学会」

プロ集団を作り上げる仕組みは、オリジナルの社内資格制度だけではありません。社内の他のプロジェクトでも、職員のスキルアップと高度なサービスが提供できるようになる取り組みを行っています。

そのひとつが社内機関誌の**「本物ケアジャーナル」**です。過去には年数回発行していましたが、現在は、年1回学会誌として発行され、職員自身が関わったサービス提供事例を掲載しています。

そして、ジャーナルと連動したもうひとつの社内プロジェクトとして**「本物ケア学会」**という社内学会を年1回開催しています。本物ケア学会は、各センターから本部に寄せられた成功事例を発表する場です。外部の研修ホールを借りて、300名ほどの職員が参加します。新人を含めた全職員が参加でき、こうした取り組みによって職員の意識と知識の向上につながっています。多職種の事例についても知ることができるので、ノウハウの水平展開にも活用できますし、専門職として実績を積み上げることにもなります。

創心會の管理職は、現場での経験を認められた人が中心です。現場で認められるためには成功事例数、論文発表なども影響します。段階を踏むことで、順番にプレイヤーからプレイングマネジャー、そしてマネジャーへと進み、キャリアの形成につながるように構成しています。

一介護事業施設がなぜこのような仕組みを全国に先駆けて作ったかというと、かつて創心會の技術専門職の若手たちがオフィシャルな学会でネガティブなバッシングを受けたことがきっかけになっています。

創業して3〜4年のころでした。当時から学術研鑽する考えがあったこともあり、社員にさせていた臨床の研究を発表するために作業療法の全国学会に連れて行き、発表させたことがあったのです。

しかし、当時、私に対する周りからのイメージは「病院を飛び出して高齢者相手に訪問リハビジネスで金儲けをしている怪しげな者」でした。そんな私が連れてきた若手たちも同じように強い風当たりを受け、発表後に意地悪な質問を浴びせられたのです。

私はもちろん、彼らもつらかったでしょうし、悔しかったでしょう。学会には、専門性を高めたり、これからの人財を育成する側面があっていいはずです。決して〝出る杭を打つ場〟〝若い芽を摘む場〟であってはなりません。

そこで、オフィシャルな学会に出るのをやめて自社の勉強会を2009年に本物ケア学会として法人内に位置づけたのです。社内での学術研鑽を積み重ねた結果、現在ではオフィシャルな場で何度も賞をいただけるようになっています。

10 職員のやる気アップと正当な評価制度「あっぱれ制度」

創心會には、社員の人間関係を良好にするためや、職場の環境改善、会社に貢献しようとする姿勢などでがんばっている人を評価し認める制度があります。それが**「あっぱれ制度」**です。

例えば、先輩が後輩のために勉強会を開いたり、地域清掃などのボランティア活動を積極的に行ったり、そうした活動はなかなか会社の中で評価されにくいものです。また、社会貢献の気持ちや、会社のことを考えての行動、本人の素晴らしい人間性といった〝見逃されてしまいがちなこと〞でも、会社としてきちんと認め、それをポイントとして評価するための制度です。

もともとは組織が大きくなっていった創心會において、このような現場に埋もれてしまって本部にまで届いてこないことを見つけるために生まれた「あっぱれ制度」が、今は職員のモチベーションアップに一役買っています。

職員は、「提案カード」で現場の改善点をプレゼンテーションしたり、お互いに「ありがとうカード」を書いて、日ごろの感謝を伝えあっています。また、行事やボランティアに参加すると「アクティビティカード」に社内ポイントが貯まります。

特に提案カードなどは、私でも気づかなかった発想や、貴重な意見が書かれていることも多く、目からウロコなことがよくあります。

そうやって職員が前向きな行動をするたびに「あっぱれ」という社内ポイントが付与されていきます。半期ごとにポイントを集計して表彰し、高得点者には商品も出ます。

仕事はきっちりやるもの。ですが同時に、楽しいものでもあるべきだと思います。

第3章

「常識を破る人」になるための考え方とワーク

自分で人生を切り拓き、未来を変える力を身につけてもらいたい。

そのためには、時に非常識な力で世間の常識を破り、何か新しいことにチャレンジする必要があると考えています。

本章では、そんな非常識力を身につけるための方法として、私の会社で実践している育成メソッドをお伝えします。

これを実践することで、あなた自身の成長に素晴らしい影響を与えるはずです。

読みながら自分の中で一つひとつ答えを出していく。もしも可能であればA4シートを用意して、記入していくといいかもしれません。書く作業は大変重要なポイントになります。

あなたは何のために生まれ、その道を進んでいくのか？

第1章で、創心會の創心の精神について触れました。

心を創るには、思考の習慣化が必要です。習慣的に**「自分は、自分の特性や長所を活かして、**

この道で行く」と思い続け、脳を肯定的にその気にさせていくことで、次第に能力を発揮できる人になっていきます。「自分らしさ」も確立され、自ずと生きがいを持って人生を進んでいくことができるようになります。

そのやり方のひとつとして、自分の「長所（強み）」や「特性」を知ることが挙げられます。「常識を破る人」になるためにも、これらは絶対に必要になってきます。

長所や特性を知れば自分の「役割」「使命」が見えてきます。あなたはどんな役割・使命を受けてこの世に存在しているのでしょうか。それが人それぞれの持つ存在理由・存在価値というものです。

「人には生まれ持った役割や使命があります」と言われても、話が大きくてピンとこないかもしれませんね。そういう場合は、会社の中で自分に与えられた役割から考えてみるといいでしょう。

営業職であれば会社の売上を上げる役割、技術職であれば製品の品質を維持したりアップさせる役割、事務や総務であれば会社の土台を支える役割……これと同じように、人間には、その人の人生の役割があるのです。

こうした役割を見つけるためには、今の環境を「やらされ感」ではなく「好きなもの」として真剣にやってみることです。その過程を経ることによって、自分の長所や特性に気づくことができます。その積み重ねで「自分にはこれが向いている」という役割への感覚が磨かれていくのです。

もしもあなたが自分の役割を認識し、使命を理解していれば、しんどいことがあってもブレにくくなるだけでなく、逆にそれをエネルギーに換えることができるようになります。

もちろん、人生の役割・使命を見つけるのはそう簡単なことではありません。

しかし特性・長所を知り、磨いていくことで、自然と周囲から認められるようになり、認められるから生きがいになる。それを続けていくことで、やがて「自分はこれをするために生まれてきた」という使命に昇華していくのです。

自分の特性を知るための7つのステップ

では、具体的にワークに入っていきましょう。

まずは自分の「特性」を知りましょう。7つのステップで進めていきます。

【ステップ1】 性格的長所を5つ以上、書き出す

あなたの性格で、「長所」と言えることは何でしょうか?　ちょっとしたことでも構いませんので、最低5つ以上を挙げてみてください。

例えば「明るい性格である」「嘘をつかない（正直者である）」「時間に正確（遅刻をしない）」「いつも笑顔」など、可能な限りポジティブな発想で書き出してみてください。

できるだけたくさん出せるポジティブさを持つほうが、自分と向き合うことを恐れなかったり、自分を強く持てたりして、自ずと仕事でも力を発揮するようになります。

【ステップ2】　ちょっと上手にできることを3つ以上、書き出す

次は、他人よりもちょっと上手にできることを3つ以上、書き出します。ステップ1と同様、これもポジティブに考えて、「プロに比べるとな〜」などと遠慮せずに書き出してください。

そしてさらに、上手になれた理由も一緒に言えるようになってください。

【ステップ3】　これまでに「楽しかったこと」「のめり込んだこと」「やっていて飽きないこと」「苦にならないこと」を書き出す

続いて、自分がこれまでにやってきて「楽しかったこと」「のめり込んだこと」「やっていて飽きないこと」「苦にならないこと」を書き出します。

学生時代のクラブ活動や学校外の習い事、趣味的な活動もこの中に入ってきます。特に仕事をしている人は、これまで取り組んだ業務の中に見つけることができれば、しめたものです。

【ステップ4】　今後「やってみたいこと」「挑戦したいこと」「憧れていること」を書き出す

その上で、今後、自分がチャレンジしたいことを書き出してみてください。ステップ1の「長所」と、ステップ2の「上手にできること」との関連性が高いほうが良いです。

特に、自分が選んだ職業の中にそれを見つけられるといいですね。

【ステップ5】　自分の人生の特徴と自分の信条を書き出す

ここまでできたら、次は人生の特徴と自分の信条を書き出しましょう。

まず人生の特徴は、自分がどういう人格形成をしてきたかを自分に問いかけて自己洞察します。

「目の前の壁にはまず乗り越える努力をしてきた」

「何かをスタートさせるときに率先してリーダーシップを執った」

「誰かを支える側で活躍することが多かった」

など、自分の人生の特徴を振り返ってみてください。

幼少期、少年期、思春期、青年期と分けて書き進めていくと良いでしょう。そこで自分自身の経験を通して培った価値観のようなものが見えてくればＯＫです。それが信条になります。

【ステップ6】 人生で「意のままになった主なこと」と「意に反してはいたが結果的に実現したこと、形になったこと」を書き出す

さらに、人生の中で意のままになったことと、逆に意に反していたけれども結果的に実現したことを振り返ってください。

「意に反していたが結果的に実現したこと」というのは書き出しにくいかもしれませんね。私の例でお話ししましょう。

私は高校生のころから一国一城の主になりたいと思っていました。そういう価値観を持っていたわけです。ところが、高校の先生に勧められ（自分の意思はあまりありませんでした）進学した先は作業療法士の養成校でした。しかも、入学後に作業療法士には開業権がないことを知り、軽く登校拒否になりかけたほどがっかりしました。

まさに、意に反した出来事でした。ですが結果的に現在は、経営者として「一国一城の主」

は実現しています。しかも、作業療法士の道に進んだからこそ実現できたことなのです。

このように思ってもいなかったことで、満足した今があり、形になっていれば良いのです。

【ステップ7】 他人からの自分の評価をまとめる

最後に、周囲からの自分の評価をまとめましょう。

ここまでは自分で自分のことを見てきましたが、最後は周囲の声を聴くのです。いきなり自分自身のことについて他人に尋ねるのは意外と難しいものです。そんなときは、「課題を出されたので協力して」とお願いしましょう。

親、兄弟姉妹をはじめとする身内や、友人・知人、学校の先生（卒業後であっても聞ける人はぜひ聞いてください）、先輩・同僚など、聞けそうな人にはどんどん聞いてみてください。できるだけ長所や良い特性をあぶり出したいので、素直に「私の良いところを教えてください」とお願いしてみましょう。

この7つのステップのワークをするときは、じっくり腰を据えてやってみてください。本気で自分の特性を得ようとする姿勢で取り組めば、必ず人生に有益な結果が得られることと思います。

自分の「役割」「使命」を見つけるヒント

では次に、自分の「役割」「使命」を見つけるヒントをお伝えします。

まず、ステップ1、ステップ2、そしてステップ3で書き出した内容と関係性の度合いを見ていきます。

ステップ1の「長所」は生まれ持ったあなただけの特性、先天的なものと言えます。一方、ステップ2は後天的に身につけた技能が多いはずです。

まずはステップ1、そして、ステップ2と見比べてみてください。先天的なものと後天的なものがどう関係しているでしょうか？

1と2に関連性が深い場合は、この先も技能として伸びていく可能性が高いと思われます。

少ししんどくても挑戦したほうがいいことになります。

さらに、それがステップ3とも関連性が深い場合は、自分の特性・役割が示されている可能性が高いでしょう。その延長線上が使命につながっているかもしれません。

また、ステップ3に書かれている内容には、今後、あなたが新たな技能を身につけていく際に、効率的に上達させるためのヒントが隠されています。

なぜ、のめり込んで取り組むことができたのか。その内容・性質などを考え、「なぜ」を明確にしておきましょう。自分の支えになってくれるはずです。


逆に、ここまでで、思うような結果が得られることができない場合、まだ「使命」に出会えていないのかもしれません。

一方で、もしかしたら物事に取り組む姿勢が足りていなかったのかもしれません。身近にあるもの、すべてでなくて構いません、物事に真剣に取り組むことを決意しましょう。

ステップ4は、自分の本性に合った願望が隠されている場合が多いです。現在、あるいは今後の自分の仕事との関連性、接点がないか注目しておくとよいでしょう。参考になるはずです。

ステップ5では、自分がどういう経験に基づき価値観を得ることになったのか、自分の特性が明確になります。

人は、自分の信条に合わないことは、たとえ命令をされても、真剣に取り組むことはできないのです。

「ズルはしたくない」と思っている人は地道に積み重ねていくことが向いていますし、「目的のためには手段を選ばない」と考えている人は、突飛なアイデアを思いつける人かもしれません。自分の職場の環境と自分自身の特性がマッチしているかどうかを判断する基準にもなりえます。


ステップ6では、意のままになし得たことはそれだけで素晴らしいです。自分の自信につなげてください。1や2や3との関連性が高い内容が多いと思いますが、そういう中からあなた自身の「特性」がより明確に見えてくるはずです。

一方、「意に反して結果的に実現する」ということは、その中に「使命」が隠されている場合があります。その道に〝導かれている〟可能性があるのです。運命的と表現してもいいかもしれません。私の例でお伝えしたように、高校の先生に勧められて作業療法士になり、やがて一国一城の主になったことは、私の人生の中に使命として隠されていたように思えてならないのです。

実は私自身はこのような「目に見えない何かしらの力」を大事にするタイプです。人とのご縁や、「運命的だ」と思えることを大事にしています。

ステップ7では、自分ではわからなかった「あなたの評価」が必ず見えてきます。そして、自分と他人の評価の全体を通して見たとき、自分の特性に近づくヒントが浮かび上がってくるのです。


これまで取り組んだワークとお伝えしたヒントを元に、最後にもうひとつワークをしてみましょう。

一日本を置いて、A4程度の用紙を準備します。一枚で構いません。

そこに「私の人生の役割・使命とは」という文章の書き出しで、自分の思うまま、感じるままに書き出していってください。あまり考えないでOKです。5分程度の短い時間で書き出しましょう。

いかがですか？　感覚的に自分の満足できるものが書き出せましたか？

イマイチと思ったら、何度でも繰り返してOKです。

自分の感覚にフィットしたものが書き出せたら、最後に少し時間をかけて、「私の役割は○○です。」と、言い切る形で美しい文章に仕上げてください。

そして、でき上がった文章を毎日、自分に言い聞かせるつもりで読んでみましょう。これを専門用語で「アファーメーション（自分に対する肯定的な宣言）」と言います。

そして、ワークから導き出された自分の特性を磨き、伸ばしていく方向で人生を進んでいってください。

「何のために働くのか？」の質を上げよう

第1章で、「何のためにやるのか？」を考える重要性を、私の経験を元にお伝えしました。これを一般的なビジネスマンの心構えで置き換えると、「何のために働くのか？」ということになります。

生活のため、お金のため、とりあえずの世間体のため……と、人が働く理由は様々ですし、それを否定するつもりはありません。

しかし、何かをスタートさせ時間を費やすと、必ず培われていくものがあります。それは「経験」です。

経験の積み重ねによって、あなた自身の成果物ができ上がります。この経験は、どのような心構えで働くかによって意味と深さが変わってきます。


例えば、「お金のため」「ニートは嫌だから」と仕事に対して曖昧な姿勢や考え方で働いていると、必然的に仕事をすること自体が義務的となり、「しんどいこと」「大変なこと」になってきます。

社会に出ると、仕事をする時間は一日の3分の1から2分の1近くを費やすことになります。仕事に対する心構えがネガティブな場合、自然と人生そのものもネガティブに傾いていくような気持ちにさえなってしまいます。

当然ながら、そこから生み出される成果や価値もあまり期待できるものにはならないでしょう。組織に所属していれば高い評価をされることもなく、働きがいや幸福度もアップすることはありません。

働くことはそんなに「しんどいこと」「大変なこと」でしょうか。

私は、仕事——特に自分で選んだ職業は人生を豊かにするものであり、働くことは幸せになるためだと考えています。だからこそ、働くことの意味を明確にし、その質を上げておくことが重要だと考えるのです。

そのためには、まず働くことに対してポジティブなイメージを自分の心の中で創っていくことが大切です。現在は「働き方改革」という名の下に、「働かない改革」をやっているように思えてなりませんが、最初に行うべき改革は、働くことに「働きがい」を見つけることだと思います。

この先を読みながら「何のために働くのか」のヒントを見つけ、自分に問いかけながら、自分なりの答えを出していってください。

その理由が明確で質が高いほど働いている経験が意味深いものになり、身につくことの質も高まります。そうすれば人として深みも増し、仕事でも大きな成果が出せるようになるでしょう。

覚悟を決めて、楽しむために「天職発想」を身につける

「常識を破る人」になるためには、自分がその道で生きていくことへの覚悟を決める必要があります。覚悟を決め、その仕事に没頭すること――それは独立起業でも会社員でも同じです。

特に起業する場合、絶対にそれなりの「結果」を出さなければいけません。簡単に言ってしまうと、結果が出ない・結果を出さない＝赤字になりますから、倒産の危機に晒されます。この国で倒産してしまうと社会的なダメージが大きく、なかなかリトライできるチャンスがありません。

会社員であれば、結果を出せないと評価はされません。昇進や昇給したり自身の地位を上げることは難しいでしょう。ただ、リトライできるチャンスを作ることは起業で失敗するより可能性が高いかもしれません。

経営者は会社員より苦労している、と言いたいのではありません。結果を出さなければいけないということは共通していますし、成果を残すつもりで仕事をしないと何かを成し遂げることはできない、ということなのです。

では、結果とは何か？

それは「所属している組織に求められている役割を果たすこと」です。これも経営者にとっても会社員にとっても同じです。

私は経営者として組織の舵取りをしていますが、同時に、その役割を果たす義務が生じます。社員は雇用されている身として組織から与えられた役割を果たすことが求められます。

どちらの場合も「組織そのものが持っている価値観」の中で、自分に与えられた役割を果たすことが求められるのです。こう言ってしまうと、「社畜になれ」というニュアンスに聞こえるかもしれませんが、そうではありません。

独立起業でも会社員でも、求められている結果を出すためには、一度、組織の価値観を受け入れて、仕事と向き合ってみることです。会社員だったら会社の掲げる理念や行動指針に沿って業務をしてみる。起業するなら自分が掲げた会社の理念や行動指針に沿う仕事をする。経営者であれば、自分が掲げた理念から外れないことを常に意識しなければなりません。

自分はこの道でやっていくと覚悟を決め、その価値観の中で結果を出す。その決意で没頭することが、結果を出す人間へとあなたを成長させるのです。

日本国憲法第22条第1項に、次の文章があるのをご存知でしょうか？

「何人も、公共の福祉に反しない限り、居住、移転及び職業選択の自由を有する。」

簡単に言うと、私たちは自分の職業を自由に選ぶことを憲法によって保障されているのです。

現在あなたの就いている仕事は、どのような過程を踏んだものであれ、あなた自身が選択し、たどり着いたものです。仕方がなく選んだにしろ、進んで選んだにしろ、最終決定権はあなたにありました。

そう考えると、自分の仕事に少し意味が見えてこないでしょうか？


人は迷う生き物です。好きで就いた仕事であっても、つらいことや苦しいことがあると、「ひょっとして自分には向いていなかった？」と思ってしまうかもしれません。

それ自体を否定するつもりはありません。ですが、そんなネガティブな気持ちにいつまでも引っ張られているのは、もったいないことです。

あなたが今の仕事を選んだのは、くじ引きで決めたわけではないはずです。もしかしたら運命的なご縁があってそこで働いているのかもしれない――その可能性に発想を向けてもらいたい。

そういった発想を、私は「天職発想」と呼んでいます。仕事を楽しむためには、この天職発想が必要になってきます。

第1章で「過去を肯定し、今を否定する」とお伝えしましたが、間違っても選んだ職業を否定しないでくださいね。否定するのは迷いのある自分自身の今の姿勢です。職業を選択した過去を肯定し、仕事に一度没頭してみてください。

まずは3年、与えられた環境で咲いてみよう

繰り返し出てくる「組織の価値観」という言葉を聞いて、頭の中に「?」が浮かんだ人もいるかもしれません。

人間には「その人らしさ」があるように、会社にも独自の「らしさ」があります。会社のことを「法人」と呼ぶように、会社や組織は建物ではなく、人間と同じように独自の価値観や思想があるのです。風土と表現してもよいでしょう。

創業から今日までにどのような経験をしてきたか。どんな困難があり、どんな成功があって、現在の姿になっているのか。人間にも波乱万丈があるように、組織にも波乱万丈がある。その中で組織としての価値観や思想が培われます。

だから、組織に属している人であれば、「組織に属すること＝組織の価値観に染まること」は、仕事やそれを選んだ自分と真剣に向き合っていく上で、ひとつの方法だと思います。

「自分の価値観を横に置いて他の価値観に染まること＝自分を失うこと」と考えてしまうかもしれませんが、それは違います。

社会＝外の世界とつながっているのは、会社や組織です。あなたが会社や組織に属する場合、あなたは会社や組織を通して社会と触れ合うことになります。

会社や組織を通じた外の世界で自分を活かそうと考えたとき、必要になるのは自分の役割を理解し、属する組織の価値観の中で結果を出そうとすることです。その間は自分の価値観は横に置いておくくらいのほうがいい。期間は感覚的ですが、3年間。その努力は、決して悪いことではありません。

経験上、我を出して「自分が、自分が……」という人ほど、最初は勢いがあっても、大成しにくい傾向が強いと思います。

まずは所属組織の価値観を理解し、業界の〝常識〟を知った上で、自分の特性を活かすことを見出す人のほうが、仕事において常識を破る力も身につきますし、最終的には大きな結果を残せるようになります。

3年も努力すれば、そこそこ一人前になっています。その業界での常識も身についていることでしょう。そうなったら今度は、自分の置かれている状況を少し俯瞰して見てみましょう。本当に自分が組織に合っているかを確認し、しかも天職として楽しく働けているかどうかをジャッジしてみるのです。

そのときに基準となるのは「楽しく仕事できているか」「心安らかか」「心地良いか」の3つです。

まず人間性ありき。その上で知識と技術を積み重ねよう

知識や技術を身につけるための努力を始めるときに、何を重視して行動するのか。単に「努力しなさい」「がんばりなさい」では、進むべき方向を見失ってしまうかもしれません。

私は、技術と知識と同時に「人間性」を身につけることが大切だと考えています。むしろ、「人間性ありきで知識と技術が積み上がっていく」と言ったほうがいいかもしれません。

創心會では「心を創る」を何より大事にしていますが、それはこの人間性を磨くことにもつながっています。

知識や技術はある意味で持っていて当たり前ですし、専門職であればそれをさらに向上させようと努力することは普通に求められることでしょう。

少し想像してみてください。あなたが万能の知識と素晴らしい技術を持っているとします。しかし、あなたは周囲の人から受け入れられず、避けられていたとしましょう。あなたが何を言おうと周囲は動かず、腕を振るおうと思っても近づいてもらえない。そんなとき、あなたが

身につけた知識や技術は何の役に立つのでしょうか？

知識や技術を活かすためには、活かせる環境が必要なのです。そのために最も重要なものが、人間性なのです。相手から受け入れてもらえるよう、まず自分が心づくりをする。相手の心に寄り添い、相手に受け入れてもらえてこそ、知識や技術を必要としている人の元へ届けることができるのです。

最初は未熟で役に立つ度合いが小さいかもしれませんが、受け入れてもらえればそれだけ経験値は積み重なりやすくなります。成長のスピードが速くなるのです。

人間性を磨くときには、その都度、自分を振り返ってもらいたいと思います。

知識・技術におぼれていないか？　肩書きで仕事をしていないか？　人が嫌がる仕事を避けていないか？

この次にお伝えするマネジメントの話でも、これらのことは重要になってきます。

人間性はマネジメントでも重要

常識を破っていくことは一人では限界があります。応援者や仲間がいて、社会のつながりの中で成立するものです。ここまでお伝えしてきたことは、そのことを理解してもらうためのものでもありました。

組織の中で独自性を発揮する場合でも、起業する場合でも、必要になってくるもの——それがマネジメントです。

では、マネジメントできる人になるためにも、今からできることは何か？

先程、お伝えした「人間性」は、マネジメントをする人間であれば持ち合わせていないと困るものです。周囲からの協力（賛同）を得られない人が何かやろうとして、それがたとえ独自のものを持っていたとしても長続きしないでしょう。

さらに、マネジメントをする立場として、組織や共同体、そのチームの人格を育てていくことが必要になります。

会社が「法人」として価値観を持っていることはお伝えしました。同様に、部署やチームのような小さい単位であっても、それを構成している人がいる以上、メンバーそれぞれが考え方や経験を持っているものです。

そして彼らと共にチームで行動し、困難を解決したり、逆に失敗しても何かを学んだり、大小様々な成功を成し遂げたり、といった経験を通じて、チームには「らしさ」が生まれるのです。

働く理由――それは「幸せになるため」

本章では、働く理由を考えること、その質を上げることについてお伝えしました。

ここで〝私なりの答え〟を出したいと思います。

私なりの結論を言いますと、職業は「人生を豊かにするもの」であり、働くことは「幸せになるため」だと考えています。

昔は、社会人になったらとにかく働く時間が人生の中心になる。だから面白いものにしないと、人生そのものがつまらなくなる——そう考えていました。

でも今となっては、それではちょっとレベルが低い。ここ数年で新たに学んだ考え方があります。それが「幸福の4原則」です。

幸福とは、

1．人に愛されること
2．人にほめられること（感謝されること）
3．人の役に立つこと
4．人に必要とされること

です。

そして、このうちの2〜4の3つの幸福は、働くことによって得られるものです。

つまり、「なぜ働くのか？」の答えは「幸せになるため＝人の役に立ち、必要とされ、ほめられ（感謝され）、幸福を感じるため」になるのです。

こうした考え方は人それぞれでありますし、あなた自身の考え方は違うかもしれません。ですが、ひとつの指標として大いに参考にはなるのではないかと思います。

今の世間では非常識と思われることに自分独自の必要性を見つけ、それを社会で役立てて「常識を破る人」になるためには、自らの特性や長所を知り、活かす必要があります。

仕事で力をつけることでそれは見つかりやすく、活かしやすくなります。だからこそ、働くことの意味をきちんと高い意識レベルで見つけておくことはとても重要です。

職業（＝仕事）は自分自身で選択し、自分の特性や長所を活かし、自身を表現できる最高のフィールドです。だからこそ、働くことは人生を豊かにすることにつながります。また、その表現やパフォーマンスの質を上げていくことで、人に認められ、役に立ち、必要とされ、幸せを感じるのです。

ここまでお伝えしてきたことを通して、ぜひ自分の働く理由を見つけてください。

第4章

「非常識力」は常識的な人間力から生まれる

本章では、私自身が過去から現在までいろいろなところから学び取り、実際に会社の新人研修時に徹底して教え込んでいる「社会人としての心構え」について、お伝えします。

「それは独立する人間には関係ないんじゃないの？」

と思われるかもしれませんが、経営者になっても会社員であっても、社会と接することに変わりはありません。接し方が〝自分がトップに立つ組織を通して〟か〝所属する会社を通じて〟かの違いでしかないのです。さらにこの内容は、何歳になってもどのような立場になっても通用するものです。

第1章でもお伝えしましたが、「非常識力＝常識がないこと」ではありません。常識を打ち破り、自分の人生を切り拓いてパイオニアになるためには、「身につけておくべき常識」もまた存在します。人間としての常識、それは「人間力」と言い換えてもいいかもしれません。

私が大事にしている「人間力を身につけるための方法」を、よかったら実践してみてください。

非常識に挑む！　社会人としての重要な3つの心構え

【心構え1】　意味を考え、何事にも真剣に取り組む

自分の特性を知るためには役割を見つけること、「やらされ感」ではなく「好きなもの」として真剣にやること――すでにお伝えしたことです。

では、真剣とは何か？　「雑事・凡事をいい加減に扱わない」ということです。

自分に与えられた〝やりがいを感じる仕事〟を雑にやる人はいないと思います。そうでなければやりがいを感じないはずですから。逆に、やらされ感を覚えそうな雑事にこそ、「誰でもできることだから」とついつい手を抜きがちになってしまうものです。

例えば、誰でもできそうなファイリングやコピー、お茶汲みと言った業務……雑事と呼んでは失礼かもしれませんが、こういう業務にも意味があると考えて、一生懸命やることが重要です。

あなたがまとめるファイルやコピー資料が高額な受注を勝ち取るためのプレゼン資料かもし

れません。重要な案件を精査するための会議資料かもしれません。

あなたの入れた1杯のお茶やその提供の仕方が、商談相手に与える印象を変えたり、商談の場の空気を決めてしまうことがあります。私からすれば、誰がどのようにお茶を出すかも、商談の内容のひとつです。

すべての仕事には意味があり、そこにやりがいのある／なしは存在しません。万事に真剣に取り組み、高いクオリティを出すことが重要なのです。

【心構え2】　日本海軍の3つの教え

日本海軍の教えの中に「5分前精神」「出船の精神」「ようそろの精神」という3つの伝統があります。

軍隊というといいイメージを持っていない人も多いかもしれませんが、しかし人としての在り方の部分で、私たち一般人も見習うべきところはあると思うのです。あまり構えずに読み進めてもらえればと思います。

「5分前精神」は、何事も定刻5分前には準備を終えて、いつでも行動できる準備をしておくということです。何かトラブルがあってもいいよう早め早めに行動し、相手を待たせるのではなく、逆に相手を待つくらいの余裕を常に自分に与える行動原理です。

昔の海軍は出港5分前には必ず帰艦するように躾けられていました。しかも、5分前に帰艦しなかった場合は敵前逃亡と見なされ、海軍刑法で死刑が規定されていたのです（今の私たちには信じられないほど厳しい掟ですね）。

そう考えると、「5分前に準備をしておく心構えくらい、生活習慣の中で少し改めてみようかな？」と思えるのではないでしょうか。

「出船の精神」は、船を入港させるとき、前からではなく後ろから入れる。自動車を駐車場に入れるときに頭から突っ込むと、出るときに時間と手間がかかりますよね。船の場合は特に、です。いつでも次の行動に向けて、即座に始動できるよう、臨戦態勢に入れるよう、「事前準備を怠るな」ということです。これは、5分前精神にもつながってきます。

「ようそろ」の意味はご存知でしょうか？「よろしく・そうろう」を縮めたもので、意味は「それでよろしい」。現在で言う「了解」「問題なし」の意味で使われる言葉です。

「ようそろの精神」とは、相手の言うことに対して、まず「了解しました」という素直な気持ちで受け入れるところからスタートしよう、ということです。

【心構え3】 約束を守るための即時処理

仕事の〆切や納期を守ること、いただいているお金と同等かそれ以上の価値を提供することは、社内・社外を問わず「仕事をする相手」との約束事です。これを守るのは、社会人としては当たり前のこと。

では、そのためにはどうするかというと、できるだけすぐにやることです。もちろん、優先順位やスケジュールがあるのはわかります。あと回しにしなければいけないときもあるでしょう。だから、そのなかで〝可能な限り〟即時処理をすることです。

結局、すぐやる人が一番評価されますし、結果を残す人に共通していることです。これはトップ・マネジメントをしようと思ったら特に必要ですので、習慣化をお勧めします。

ちなみに、我々の業界ではサービスを提供しただけでは仕事をしたとは見なされません。サービスした内容の記録を残して、初めて仕事と見なされます。

そして、その記録を行政の指導課が定期的にチェックをしに来るのですが、そのときに記録がなかったり不備があると、実際にサービスを提供していたとしても、報酬を返還させられることになるのです。サービス提供後の記録作業は忘れたり、おろそかになりがちです。しかし、小さな油断が元ですべてが台なしになってしまうこともあるのが仕事です。そのようなミスを防ぐためにも即時処理の習慣は非常に重要です。

社会で役立つ人になるための4つの条件

続いて、必要とされる「人財」になるための4つの条件です。

人財は英語で「ヒューマン・キャピタル（資本としての従業員）」と言い、教育などの投資コストをかけて「自ら稼げる人」に育てる意図があるようですが、ここでは私が定義している「人の役に立つ人」としてお伝えします。

「役に立つ＝社会を良くする」ということで、「働く理由＝幸せになるため」にもつながっています。

【条件1】 差別せず、平等につき合う人になる

まず人として、相手の尊厳や価値を認められる人でありましょう。そして、相手を尊敬できる人間であることです。

誰かから認められたい、尊敬されたいと思うのであれば、まず自分から相手を認め、敬愛することです。自分から、が先です。

経験上、人から尊敬されるような人々は、他人に対してもそういう態度が取れる人です。他人をなかなか認めない、敬うことができない人は、能力があっても人の上に立つような立場にはなれないものです。

特に役職に就くと、ある程度肩書きで仕事ができるようになります。肩書きを与えられる＝一定の評価を得たことになりますし、同時にさらなる期待をかけられたことにもなります。そうなったら、なおさらに相手の良いところを見つけ、伸ばせる人にならなければいけません。

逆に肩書きがついたからと言って人を見下すようでいると、周囲の人はついて来ませんし、いつか必ずその椅子から引きずり降ろされてしまうでしょう。

【条件2】　自分や自分の置かれた環境に誇りを持つ人になる

役に立つ＝社会を良くするとお伝えしました。その背景には、問題意識と同時に社会に対する愛情が必要になってきます。愛情があることで、組織と一体になる。自分が活動する地域やコミュニティに対しても同じです。

自分だけでなく、自分と共に歩む仲間、所属する会社や組織、そして日本という国そのものも愛し、プライドを持って活動する気持ちでなければ、その社会で自分を活かすことはできません。

また、所属組織に対してポジティブな感情を持っていると、その組織の中でより力を発揮したいと考えるようになり、さらにパフォーマンスが向上することが実証されています。

【条件3】　つらい出来事でも感謝に換える力を持つ

あらゆる出来事には意味があり、将来へつながっています。そこに無意味なものは一切ないと言っていいでしょう。たとえ嫌なことがあっても、それは自分が成長するために必要なこと。

ひとつずつクリアしていくことが大事です。

元メジャーリーガー・イチロー氏の言葉にも、

「壁というのは、できる人にしかやってこない。越えられる可能性がある人にしかやってこない。だから、壁がある時はチャンスだと思っている」

というものがあります。壁を乗り越えるだけでなく、それを感謝に換えることができれば、さらなる高みへ登っていけます。

もちろん、大変な出来事の渦中にあるときは感謝どころではないと思います。しかし、時間が経てば感謝できるようになる。実は、私も過去につらい思いをしました。ただ、それがあるから今の自分がある、と思うことができます。

理想論に聞こえるかもしれません。ですが、怒りや憎しみというものは、瞬間的なエネルギーにはなっても、創造的なものにはつながりにくいのです。だから感謝に換えて創造的エネルギーにする。どんな出来事でも、時間をかければ感謝に換えることは可能です。

私の例でお話ししましょう。30代の終盤の時期に、友人に騙されて2000万円を失いました。私がこの事実を受け入れることができるようになるまでにかかった時間は約5年。当初は毎晩、ベッドに入ると相手が憎くて眠れなくなるほどでした。

しかし日中は仕事に没頭し、この出来事を忘れようと働き詰めました。もっと仕事に集中しよう、もっと大きな組織にしてやろう、というエネルギーになったのです。そしてようやく、この出来事のおかげで自分はがんばることができた――そう思えるようになったのが5年経ったころでした。

さらに、この事実を感謝に換えるためにかかった時間は約5年。なぜ友人は自分にそんなことをしなければならなかったのか、自分にはできることがなかったのか……様々なことを考えました。

自分自身に欠けていたものもわかったような気がしました。詳細は省きますが、そこで自分自身の成長につながる課題に出会えたのです。もちろん今はその友人とのつき合いはありませんし、2000万円も返ってきませんでしたが、それ以上の人間力を養うことができたと思っています。

【条件4】 心の声に素直に従ってみる

お酒であったりタバコであったり、つい遅刻してしまう癖、二択があったら楽な道を選んでしまう……など、何でも良いのですが、ポイントはあなた自身が「本当はいけないことだよな……」と感じていることを、なるべく早くやめようとすることが「正道」に近づいていく生き方です。

絶対にそうしなければいけない、というのではありません。やってみようと行動することが大事なのです。

もしも行動しないとどうなるか？　人は基本的に楽なほうに流されやすい生き物です。だから、意識的にその流れを断ち切ろうとしないといつまで経ってもやめることはできません。

週にたった一日でもお酒を控える日を作れば、それだけでも進歩です。その感覚からで構いませんので、自分の中でダメだと思っていることはやめてみる。逆に「世のためになる」「人の役に立つ」と感じることはすぐに実践してみましょう。

「出る杭」になって正しく臆さず自己主張せよ

日本の諺に「出る杭は打たれる」というものがあります。意味はご存知だと思います。でも、逆に「出る杭になれ」とあなたにお伝えしたいのです。常識を打ち破るためには、突き抜けているくらいでないといけないからです。

例えば、初めて社会に出た人の多くが勘違いしているのが、社会に出てもチャンスは平等に回ってくると思っていることです。

確かに学生時代は、チャンスはある程度までは平等です。しかし社会に出ると、チャンスは自分で見つけ、つかみに行く必要があります。さらに、目の前に転がっているものをチャンスと認識しなければなりません。

だからこそ、ここまでお伝えしてきた自分の長所や特性、得意分野を見つけ、さらに社会人としての心構えも兼ね備えた上で、それを活かすことが大切になってきます。

会社や組織の中でいい意味で〝出る杭〟として突き抜け、臆せずに自己主張をする必要が出てくるのです。

もちろん、出る杭としての自己主張の仕方には注意が必要です。ポイントは、「好き嫌い」や「我を通すこと」で自己主張をしないことです。

苦手だからやらない、ちょっとやってうまくいかなかったからやらない、そもそもしたくないからやらない……こういった単なるワガママを自己主張だと考える人も少なからずいます。また、組織価値観を理解せず、自分のやりたいように我を通すのも違います。あくまで与えられた環境の中で、出る杭として突き抜ける。臆せず自己主張をするのです。

最初にリハビリ特化型デイサービスを始めたときに与えられた環境は民家でした。しかも、改修のできない借家でした。そこでもしも「こんな環境ではできない」とあきらめていたら、現在の創心會はなかったでしょう。

利用者さんの自立支援のためという目的があったからこそ、「バリアのある環境を利用すれば逆にリハビリがしやすくなるのでは？」という発想が生じました。創心會らしさという杭が突き抜けた瞬間だったのです。

効果的な目標設定の方法

当たり前のことですが、何かを成し遂げようと思ったら成し遂げるべき目標を設定しないと進んでいくことができません。カーナビで目的地を設定せずに走っても、目的の場所にはなかなか到着できないのと同じです。

続いては、私が考える効果的な目標設定とその達成の方法をお伝えします。

●目標設定は現実的に行う

「常識を破る人」になる、といっても夢や理想を持っているだけでは、なかなか達成できません。カーナビの例で言うと、目的地を定めたとしても、まずは自分がどこにいるのか＝現在地を知らなければ、そのルートが見えないのです。

自分の現在地を知るために必要なのが、自己認識力です。なぜなら、目標は自分が持っている中からでしか設定できないからです。自分がどういう人間か、どういう特性を持っているかを知って、現時点の自分の場所を理解していると、現実的な目標設定ができるようになります。第3章で説明した「長所・特性を知る作業」や「役割を認識すること」は目標設定する際に非常に役に立ちます。

現時点での自分を理解し、現実的な目標に対して一歩ずつ進んでいくこのやり方を「ボトムアップ式」と言います。ほとんどの人に取り組みやすい方法なので、これまで具体的に目標設定してこなかった人にお勧めします。

一方で、もしもあなたがすでに自己洞察ができていて、自分の中での〝一番〟を見つけているとしたら、逆に「トップダウン式」で目標設定をするのもいいでしょう。

トップダウン式とは、「自分はこうなる！」という目標を先に掲げ、そのために何をすべきかを逆算していくやり方です。

●目標達成のための3つのポイント

次は目標を達成するときのポイントですが、これは3つあります。

まずは**「期限を決める」**です。

いつまでに何をするか、を決められない人は目標達成ができません。なぜなら、〆切がないのでいつまで経ってもスタートしようとしないからです。期限を決めることで何をすべきかの戦略が立ち、目標は具体化していきます。

人生という時間は、意外と短いのです。「3年後にはこうなっている」という目標を掲げたら、そのために1年後はどうなっていなければいけないか、そのためにはどのような知識や技術を身につける必要があるのか、12ヶ月という期間をどういうステップで行動するか、毎日の時間をどう配分するか……目標のスケールは人それぞれですが、まずは達成のための期限を決めましょう。

次に、**「支払うべき対価を決める」**です。何かを手に入れるときには対価が必要です。目標を達成するときも同様です。

資格の取得を例に考えてみましょう。

1年後までに、何かの資格を取得することを目標にしたとします。その資格を取得するのに必要な知識・技術を身につける手段を考えます。テキストを買う、専門のスクールや通信教育を受ける。そのためにはどの程度の費用が必要か、また独学で行う場合は、どの時点でどのレベルまで学習しておく必要があるか……こういったことの度合いも、1年という期限があるから決められるのです。

設定した目標の性質によって支払う対価の内容は様々です。達成するためにどのくらいの時間、費用、構築する人間関係、情熱、あるいは目標を達成するために必要なら何かを我慢したりあきらめたりするのも、この場合「対価を支払う」ということになりますね。

そして最後が、**「確信イメージを持つ」**です。

何の勉強もせずにゴロゴロした1年を過ごして資格を取得していることをイメージできるでしょうか？　できませんね。

人間は、自分がイメージできないことには向かっていけない生き物です。逆に言うと、「これなら行ける」と確信できれば、自然と脳がその方向に進ませてくれるのです。

確信できるようにするために、期限を決め、現実的な目標設定をすることが重要です。

私は学生時代から一国一城の主になりたいと考えていました。具体的に起業を意識したのは26歳を過ぎてからです。そのときに「起業するなら30歳でする」と決めました。期限は4年もなかったわけです。

そこからは起業に必要と思われる知識を身に付けたり準備を始めました。そして目標通り30歳で起業したのです。

起業してから7年目当時の年商は2億円程度でしたが、「5年後に売上目標10億円」と決めました。そのとき、周囲の多くの人は具体的にイメージすることができていなかったのでしょう。「社長がまた寝ぼけたことを言っている」という雰囲気もありました。

しかし、私は違っていました。具体的にイメージができていました。必ず我々のサービスはそれぐらいの価値を生むものだと確信していたのです。

そして、目標通り5年後にピタリと年商10億を達成していました。

人を1.3倍成長させる「モデリング法」

本章の最後に、あなたの成長を1.3倍にする方法をお伝えします。

それが**「モデリング法」**です。「将来、こうなりたい」という目標ができたら、実際に自分の理想に近いモデルとなる人を探してみてください。

他業種・他分野でも構いませんので、考え方や行動の仕方でベンチマークできそうな人を見つけ、一定のレベルに自分が達するまで真似をしてみましょう。あなたの成長スピードは1.3倍になります。

モデリングのポイントは、あなたに合った人を選ぶことです。

例えば、スティーブ・ジョブスは偉業を成し遂げた人ですが、彼のやり方が絶対的に正しいかというとそうではありません。あくまでも成功法則の一方法ですし、違うやり方で成功している人は他にも山のようにいます。

またジョブスをモデルにする場合でも、「スタートアップ時のジョブス」「アップルに返り咲いたときのジョブス」というように、自分の段階に合わせてモデリングしてください。

さらに人を選ぶとき、現実の人物か架空の人物かについて気にする必要はありません。物語に登場する架空の人物でも、歴史上の人物でも構いません。

そして、もうひとつのポイントが、モデリングするのは１００％でなくても構わないということです。すべてを受け入れる必要はなく、優れていると思えるところは受け入れ、マネしてはいけないと思える部分は反面教師にして避ければいいのです。

その上で、学び取ったあとに自分らしさをプラスαして、自分だけのオリジナルにしていきましょう。

私自身は経営者として、多くの場合に株式会社船井総合研究所の創業者・故 船井幸雄氏をモデルにしました。

例えば、迷いが生じたときに、「こんなとき、船井幸雄であればどう考え、行動するか……」。それをあたかも、当人になり替わったつもりで、ヒントを得ていました。場面によっては、違うモデルの経営者に登場してもらったこともあります。その積み重ねの上に自分らしさをプラスして、現在の私がいるのです。

最後に、ある程度のオリジナルな自分が形になってきたら、今度は自分がその道の後輩からモデルにされる可能性があることを想定しましょう。

人からマネされる立場として、相応しい人間か、避けられる部分はないかと考えてさらに成長し、また自らを律することのできる人になれたら言うことはありません。

第5章

寝たきり大国ニッポンを加速させる日本の誤った「常識」

本章では、少し重い話になるかもしれませんが、私が仕事を通じて感じている、現在の介護業界や、医療や福祉の業界において蔓延している誤った常識、またそれをどうやって打ち破ろうと考えているかについて、お伝えしたいと思います。

それは、日本全体を覆う深刻な問題——寝たきり大国ニッポンの問題です。

詳しくは後述しますが、日本の寝たきり問題は日本では常識でも、世界からすると非常識なのが実情です。

それに、寝たきり問題は高齢者だけのものではありません。

まだまだ元気だと思っていても、いつ、事故やケガ、病気で障害や後遺症が残り、昨日まで元気だったあなたが今日から寝たきりの身になってしまうかわからないからです。寝たきりは、あなただけではなく、あなたの家族をも巻き込む問題です。

これは日本人全員が考えないといけない「打ち破るべき常識の壁」だと私は考えています。

ですから、介護の〝業界〟に所属していない人でも、自分の未来のために考えておかなければいけない問題として、読み進めてもらえればと思います。

なぜ、日本は「寝たきり大国」になってしまったのか？

「それまで元気で暮らしていたお婆さんが、風邪をこじらして肺炎になった。入院して肺炎がすっかり良くなったのはいいけれど、退院してみたら寝たきり老人になっていた」

私たち、医療・介護業界の人間にとっては笑えない例え話です。

超高齢社会となった今、医療や介護の現場では何が起きているのでしょうか。

日本は「長寿国」として世界でも有名です。２０１６年の統計では平均寿命は男性が80・98歳、女性が87・14歳（厚生労働省『簡易生命表』より）。「人生80年の時代」と言われて久しくなりましたが、それが90年になるのも時間の問題でしょう。最近では人生１００年という言葉さえ耳にするようになりました。

とはいえ、「健康寿命」という観点から見ると、これは必ずしも喜ばしいことではありません。健康寿命とは、元気に自立して過ごせる期間のことを指します。本書を読んでいる皆さんはきっと毎日仕事をしたりプライベートを充実させたりしているでしょうから、まさにこの健康寿命の真っ最中と言えます。

長寿国として有名な日本では、平均寿命に対して健康寿命は男性で約9年、女性で約12年も短いと言われています（『健康日本21（第二次）』の推進に関する参考資料より）。つまり、長生きしているとはいえ、あくまでも平均ですが、最後の約10年間は寝たきりや認知症など健康問題を抱えて生きているということになります。

我が国の65歳以上の要介護認定（支援も含む）を受けた人の数は２０１５年の時点で約６００万人に上ります。うち重度の介護を要する要介護4、5の人は約１３０万人。こうしたデータが示すように、日本には「寝たきり高齢者」がたくさんおり、実は世界一と言われています。世界一の高齢化社会ですから寝たきり高齢者の数も多くなるのは当然と思うかもしれませんが、問題は寝たきりになってしまう率の高さにあるのです。

福祉先進国と言われるスウェーデンでは寝たきり老人はわずか4％程度（そもそも寝たきり老人という概念がありません）であることに比べると、「寝たきり大国ニッポン」は世界でも特異な状況と言えるのです。

至れり尽くせりな箱モノ施設に潜む罠

147ページの上図は、日本を100とした場合の世界の寝たきり高齢者人口の割合を示したグラフです。日本が最も多く、イギリスの3倍、アメリカの5倍、寝たきりが最も少ないスウェーデンと比較すると10倍も寝たきりの人が多い。これが日本の現状なのです。

次に147ページの下図ですが、これは平均の入院日数（在院日数）を国別に示したものです。諸外国がおおよそ10日以内なのに対し、日本は30日程度に及びます。特に急性期での入院日数は他国の5倍以上になりますので、日本だけがダントツに高いことがわかると思います。実は2000年頃は40日程度あったので、これでも短縮したほうなのです。

ふたつの図から見えてくるのが、入院日数と寝たきり人口の比例関係です。要するに、入院日数の長さと寝たきりの人の多さが見事にリンクしている、ということです。つまり、寝たきりは継続的な入院によって作られると言っても過言ではないのです。

こうした医療側の事情が、寝たきり大国のひとつ目の問題点です。

日本と諸外国のこの違いはどこから生まれてくるのかというと、入院に対する考え方の違いが主な原因です。

寝たきりの少ない諸外国では、基本的に入院期間はできるだけ短くして、早めに在宅医療に切り替えさせる仕組みになっているのです。

もちろんそこには、日本ほど社会保障制度が充実していなかったり、長期の入院への負担、延命治療への考え方や死生観の違いなど、日本と諸外国の制度や文化的な違いも影響していると思います。

一方で日本では、皆保険制度があって医療体制が充実しており、さらに入院中は病気や怪我をしているのだから「安静にすること」が当たり前のように考えられてきました。実際に「安静にしておきましょうね」とよく耳にしてきたのではないでしょうか。

「安静にしている＝活動が制限されること」になります。私たちのような元気な人であっても、入院をするなどして活動が制限されると、筋力が落ちたりするものです。

高齢者であればそれは顕著で、長期入院すると、入院前はできていたことが退院後にできなくなってしまうことが起こりやすくなるのです。

もしかしたら、「リハビリをしているから大丈夫なのでは？」と考えるかもしれません。

寝たきり高齢者数の比較図

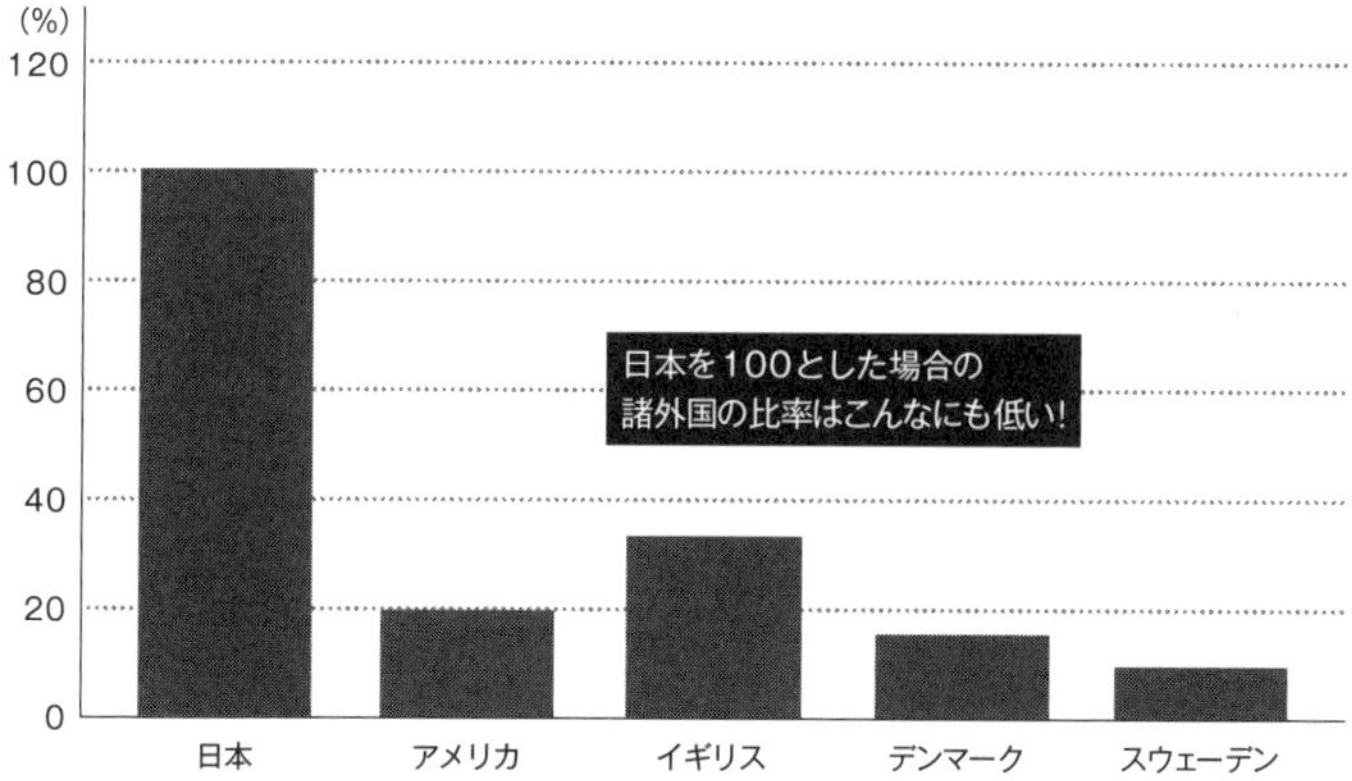

出典：寝たきりゼロをめざして—寝たきり老人の現状分析並びに諸外国との比較に関する研究 第2版　Core Ethics Vol.6(2010)(塩中雅博氏改編)

平均入院日数国際比較

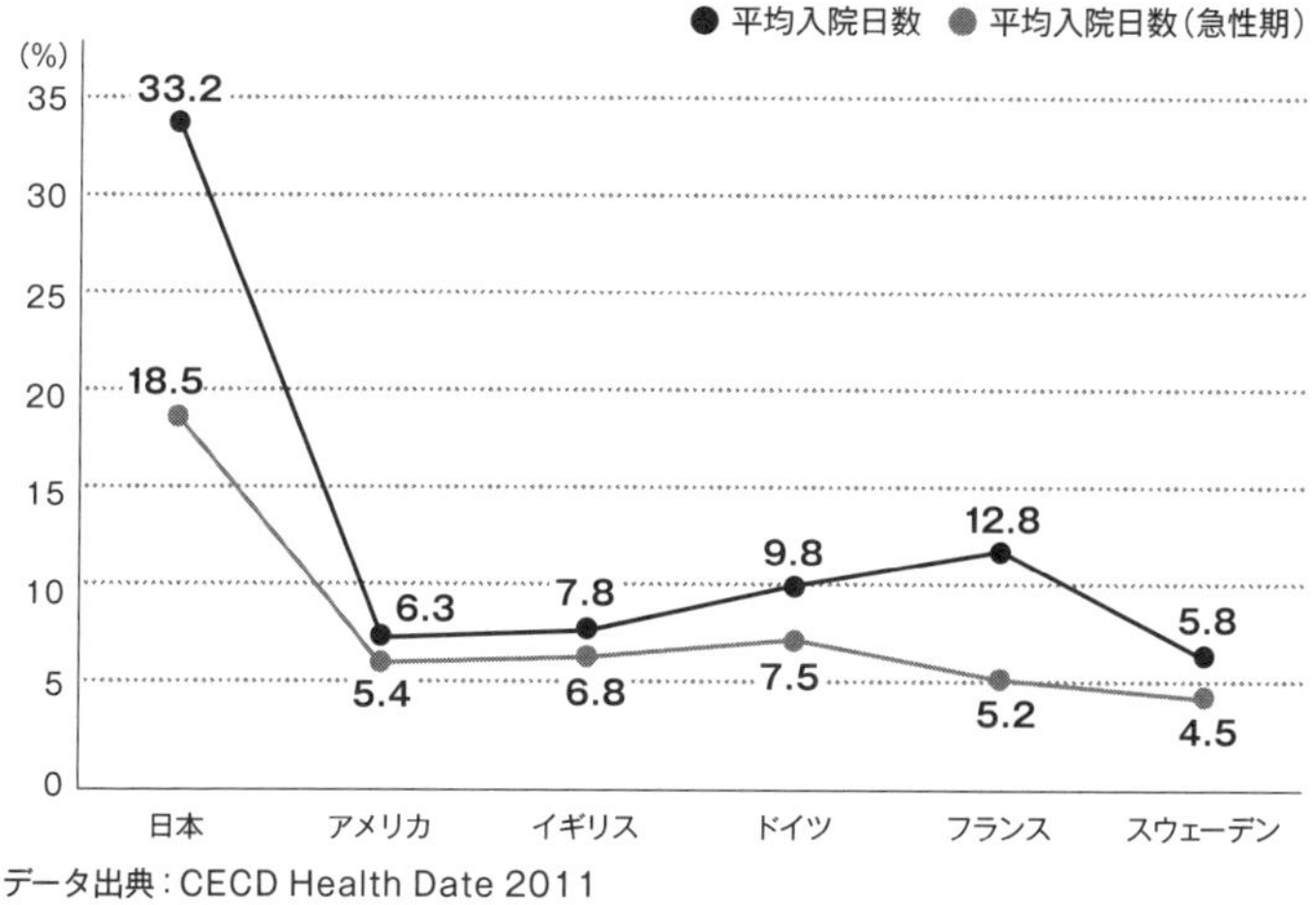

データ出典：CECD Health Date 2011

ですがリハビリの時間は、病院で生活している総時間からすればわずかです。リハビリをしていても、家で暮らしている人に比べると活動量は下がらざるを得ません。

もちろん、在宅で人を支えるには相応の設備や仕組みなどが必要です。家族が介護をする場合は、介護の専門家ではないですから効率の悪さや不慣れなことも多いでしょう。ですが一方で、普段の生活環境の中でケアをするほうが、生きていくために必要な基本的なことが、再びできるようになる確率は上がるのです。

そう考えると、病院のような至れり尽くせりで、何でもそろっていたり、絶対的な活動量が制限される環境に慣れてしまうことが、いかに恐ろしいかがわかるのではないでしょうか。便利な環境に慣れすぎてしまった結果、家に帰ったときにそれまで当たり前だったものを不便に感じたり、最悪の場合は入院中に「何もできない人＝寝たきりの人」になってしまうのです。

機能回復のためのリハビリへの依存が寝たきりを助長する

寝たきりを助長するのは、何も病院の設備だけではありません。リハビリに対する間違った考え方も、要因のひとつになっています。

第2章でもお伝えしましたが、世間では「リハビリ＝悪くなったところを元に戻す」という印象があります。

2004年に、ミスター・プロ野球こと長嶋茂雄さんが脳梗塞で倒れ、緊急入院しました。一命は取り留めたものの右半身に麻痺が残り、言語能力にも影響が出てしまったのは周知のことと思います。

長嶋さんの麻痺や言語障害については、15年経った今でも完全に解消はされていません。「後遺症」という形で残っています。

では、長嶋さんはリハビリをしなかったのか？

そんなわけがないですよね。日本の中でも特に優れた環境でリハビリをなさっていましたし、ご本人のがんばりは称賛に値すると言ってもいいでしょう。

問題は、リハビリを「元に戻すもの」という考えでとらえてしまうことです。長嶋さんでなくても、同じような境遇に陥った人が考えるのが「リハビリを続けていれば、いつかは元通りの身体に戻れるのではないか」ということです。

もちろん、リハビリは望む形での回復過程を踏むように行われます。その結果として麻痺が〝改善〟されたり、歩けなかったのが〝杖を突いて〟歩けるようになる可能性はあります。ですが、運動麻痺や言語障害そのものは、通常いくらかは残ってしまいます。だから「後遺症」と呼ぶのです。そのことを受け止められず、完治すると思い込んでしまうと、やがて患者さんはリハビリそのものに依存し、リハビリをすること自体が目的化してしまうのです。

「目的化して何が悪い？」と思う方もいらっしゃるでしょう。

私は作業療法士というリハビリテーションの専門家でもありますから、リハビリの力はよくわかっています。ですが同時に、世間一般の人が思い描くイメージとは違うリハビリの限界もよくわかっています。

本来、リハビリの目的は「人間的・社会的な復権を目指すこと」にあります。決して悪くなったところを元に戻すことだけではないのです。

実は2018年に33年ぶりに作業療法の定義が改定されました。

「作業療法は人々の健康と幸福を促進するために、医療、保健、福祉、教育、職業などの領域で行われる作業に焦点を当てた治療、指導、援助である。作業とは、対象となる人々にとって目的や価値を持つ生活行為を指す。」となっています。少しわかりにくいですね。

作業療法は「人は作業をすることで健康や幸福になれる」という普遍的な基本理念のもと行われるのですが、ここでいう「作業」とは日常で行う様々な活動で、家事、仕事、趣味、遊び、人との交流など、人が営む生活行為全般のことを指します。

私たちは、その人ができるようになりたいことやできそうなことを、できるようになるよう治療や援助を行うのです。もちろん、作業を行うために必要な心身機能の回復を図ることも含まれますが、それがすべてではないのです。むしろ、後遺症などの障害があっても、その人にとって意味のある作業ができるように支援することに重きを置いているのです。

患者さんの「元通りの身体に戻りたい」という気持ちはよくわかりますが、そのためにリハビリに依存し、いつまでもいつまでも医療施設でリハビリを続けることが果たして良いことなのかと言うと、首をひねらざるを得ません。

元通りにならない身体の回復にばかり目が行ってしまうと、延々ずるずると、結果の残らないリハビリテーションを続けてしまう羽目になり、大切な人生の時間をムダにしてしまうことだってあります。

日本では、医療機関で受けられるリハビリが圧倒的に多く、白衣を着た療法士の人たちに「リハビリをしてもらう」ことが当たり前になっています。回復過程の中でリハビリをしてもらうと身体もある程度は回復してきますので、余計に元に戻ることへ過度の期待が生じます。そして、患者さんは「療法士のおかげで良くなったのでこのままリハビリを続けたい」と思うようになります。

さらに療法士への感謝の想いが療法士への依存へとつながります。療法士自身も「自分の治療で患者が良くなった」と感じたり、感謝をされる中で自身の存在感が高まり、こうして共依存関係ができ上がってしまうのです。

リハビリ依存が高まった患者さんはいつまでも「してもらうリハビリ」を続けるようになり、実生活での居場所や役割を見つける機会を失ってしまいます。生活の中で機能を取り戻して社会に戻るより、病院通いに居場所を求め続けてしまうのです。

高齢者の退行現象を促進するふたつの問題

医療体制の問題、リハビリに対する過度な依存に続く寝たきり問題の3つ目は、介護領域の問題です。

2000年に介護保険ができました。これにより、「介護問題を社会全体で支援・解決しよう」という方向性が打ち出されました。

では、介護保険施行以前はどうだったか？

福祉の制度内で介護は行われていましたが、充分なものではなく、主に女性が担っていたのです。特に「妻や娘。息子の嫁の仕事」のように考えられていました。核家族化によって多少薄らいでいるとは言え、今もこの価値観は色濃く残っていると思っています。

例えば、夫の両親のどちらかが倒れたとします。その場合、介護をするのは息子の嫁であることがほとんどでした。

倒れた両親と同居している場合は特にそうですが、お嫁さんは甲斐甲斐しく倒れた人を介護します。部屋を掃除し、食事を作り、体を拭き、動作を介助し……すると「できた嫁だ」と喜ばれます。

しかも、やればやるほど〝いい嫁〟度はアップしていきます。両親だけでなく近所からも認められ、充足感と存在価値が高まります。

さらに、お嫁さんは過去に育児の経験があったりもします。あとで説明しますが、介護には育児の経験が通用してしまう部分があり、お嫁さんはますます献身的にお世話をするようになります。当然、いい嫁度もさらにアップします。


一方、倒れた人の側で考えてみましょう。

一般的に、体に不自由が発生すると、人間は体だけではなく精神的にもダメージを受けます。それまで何でもできていた自分を100とすると、今の自分は全盛期の60%や40%くらいの人間だと思うようになってしまいます。

精神的ダメージは避けられないものなので、無意識に自分を守る防衛本能が働きます。急に甘えるようになったり、わがままになったり、「自分にはできないんだから助けてくれて当然じゃないか」と依存的な考え方になります。それが「退行現象」と言われるものです。

こうした「退行現象」に、先ほどの「できた嫁」が登場すると、お嫁さんには「自分がやらないと」という使命感と、女性特有の「母性」がありますから、必然的に介護される側の退行現象と結びつき、ここにも共依存の関係が生まれてしまうのです。療法士とのケースとは立場が違うだけで、同じ種類のものです。

依存の反対語は「自立」です。この共依存関係が続けば、自立とは真逆に、お互いが進んで依存関係をエスカレートさせるようになり、自然と介護される側はできることがどんどん減っていき、寝たきり状態に近づいていくのです。

私が「これではいけない」「こんなところに自分は通いたくない」と考えた、一般的なデイサービスやデイケアという通所型の介護サービス。前述したように、その内容はまるで園児たちが喜びそうな内容ばかりです。

これらのサービスを提供している根拠は、いったい何でしょう?

なぜ、通ってくる高齢者たちに歌を歌わせたり、子どもが喜ぶような飾りつけで所内を彩る必要があるのでしょうか?

このようなことになってしまった背景には、介護施設の職員に、保母さん(今の保育士)の資格を持つ女性が多かったことが挙げられます。

介護士の資格は比較的新しく、以前の老人ホームなどの介護施設は保母さんたちが働き手となって支えていたのです。確かに、介護経験はないけれども育児の経験を持つ女性も「お世話をする」という観点で見れば介護もできそうな気がします。

しかし、経験則を持って自分でやる方法を知っている高齢者と、これからそれを学んでいく乳幼児とはまったく違うのです。ところが、寝たきりになったり認知症になった高齢者に対して「赤ちゃん返り」と称してお世話をする光景は、とても違和感があります。

それを象徴するように、自分よりも遥かに年上の高齢者を「〇〇ちゃん」とか、あだ名で呼んだりするひどい対応もよく見かけます。

これはあくまでも私の仮説ですが、介護保険制度以前からこうした女性たちが、決して悪気があったわけではなくても、育児の延長とも思えるようなお世話型介護を蔓延させてしまったことが今の介護施設の原型だと考えています。そして、そこに病的退行によって依存を起こした高齢者がピッタリとマッチしてしまい、さらに助長してしまった。

私は女性の仕事を軽視したり、これまでの努力を否定するつもりは毛頭ありませんが、前述の「できた嫁的サービス」や保育的な「お世話型介護」は、お互いの依存によって寝たきりを助長しているように思えるのです。

「過剰なサービス」が寝たきり高齢者を作る

4つ目の問題として、もう少し〝人〟の部分を深掘りしてみます。

介護保険制度が誕生してから、民間の営利法人でも介護サービスを提供できるようになりました。ここの問題点は次に触れるとして、サービスを受ける側がまったく意識せずに寝たきりの道を進んでしまっていることも、問題のひとつとして挙げられます。

現状の介護保険制度では、認定を受けた人は本人の要介護度に合わせた介護サービスを一部自己負担で受けることができます。そのときに、どんなサービスを受けるべきか、本人では判断がつかないことをプラン立ててくれる専門家がいます。

それが「ケアマネジャー＝介護支援専門員」です。

本来であれば、ケアマネは利用者さんの介護度合いと本人の状態を見て望ましいプランを提案する役割を果たす仕事です。しかし一部の優秀な人を除いて、多くのケアマネがただの〝御用聞き〟になってしまっている現状があります。

そして、この御用聞きの状況を助長しているのが利用者さん側の意識の問題でもあるのです。介護保険サービスは契約サービスで、利用者さんは基本的に介護保険料を払い、サービス利用の際は（1～3割の）自己負担額を払います。つまり、お金を払ってサービスを買っているのです。そのときに消費者としての「権利意識」が生まれます。要するに〝お客さま〟になるのです。

自分には保険を使う権利があり、サービスを選択する権利がある。

確かに、ケアマネが立てたプランを決定（採用）するのは利用者さんです。法的にも決定権は利用者さん側にあります。利用者さんが「もっと追加してほしい」と言えば、ケアマネはなかなか逆らいづらいですし、それでも仕事としては成立してしまうのが現状です。

本来ケアマネは、利用者さんの要望に対して、課題を解決するための複数のプランを提示して、どのプランを選択すればどういうことが起きると予測できるのか（予後予測と言います）を伝えて、利用者さんに的確な自己決定を促すことが必要なのです。

こうしたことを考えずに、要望を聞き入れてプランを立ててしまうと、それはもうただの〝御用聞き〟でしかなくなるのです。

問題はケアマネだけに原因があるのではありません。お客さま化した利用者さんの意識にも問題があります。

例えば、お風呂に入れてもらう入浴サービスがありますが、今は苦労してでも自分で入れるのに、サービスに頼ってその状態に慣れてしまうと、やがて自力では入れなくなってしまいます。それを想像できていないのです。

お金を払っている人間として、少しでも楽になるオプションを追加してしまう。それが本当に必要ならいいのですが、過剰に楽な道を選んでしまう。結果、知らず知らずのうちに（ケアマネと利用者さん＋事業者）が寝たきり高齢者を作ってしまうのです。

食べ放題でついつい料理を取り過ぎてしまうのと同じです。料理を取り過ぎてたくさん食べてしまうことが肥満や成人病につながるとは思い至らないのと同じように、寝たきり高齢者や認知症になるかもしれないという事態をまったくの〝他人事〟だと思ってしまっているのです。

確かに経験のないことを利用者さんが想像することは難しいものです。しかし、プロであるケアマネはそうなってしまうことを予測できなければなりませんし、職業上、知っているはずなのです。知っているのであれば、否定されてでも事実を伝えきる努力をするべきです。その義務を果たしてこそ真のプロと言えるのではないでしょうか。

「いい嫁サービス＝いいサービス」の勘違いが生む弊害

介護事業者として、ここまで外部に「寝たきり大国ニッポン」の責任を押しつけてきましたが、５つ目の問題点は、私たち介護事業者の責任です。

２０００年４月に介護保険制度がスタートした瞬間から、介護業界は〝戦国時代〟に突入しました。制度を国中に行き渡らせるために、民間の営利企業へ一斉に介護事業が開放されたからです。

制度施行以前も行政から民間企業へ委託されているところはありましたが、その数ではとても対応しきれないと考えたのです。それよりは最初から開放して市場原理を活用し、たくさんのサービスを競争させて、世間から選ばれる会社になってもらう――戦国時代と言うのも、あながち間違いではないと思っています。

ただ当時の記憶を辿ってみますと、介護保険のスタート直後から、前述の「いい嫁型」「お世話型」そして、何でもして差し上げる「御用聞き型」の介護事業者が一気に増えました。

加えて本人以外（家族）の食事を作る、本人には関係のない場所を掃除する、などまるで介護保険の財源を使って家政婦を派遣するような、至れり尽くせりな介護サービスをアピールする事業者まで現れたほどでした。

私はちょうど自社を株式会社創心會へと組織変更し、いよいよ本格的に介護にリハビリを取り入れたサービスを提供し始めたころで、こうした周りの状況をとても危惧していました。これでは、寝たきり高齢者を大量に作りかねない。しかも、本来の保険制度の目的から外れてしまっていました。

そしてやはり、これはすぐに問題になりました。右記のことを国は「不適切な介護」として1年目から問題視したのです。

繰り返しお伝えしていますが「いい嫁型」「お世話型」「御用聞き型」サービスは、そのときは楽でも習慣化すれば高齢者の機能低下、果ては寝たきりに直結します。にもかかわらずそのようなサービスが増えたのは、介護制度の仕組みも関係していると考えられます。

利用者さんの要介護度が上がる（＝もっと介護が必要な状態になる）と、同様のサービスを提供しても必然的に介護報酬が上がります。事業者の売上は介護報酬なので、利用者さんの要介護度が上がったほうが儲かってしまう仕組みになっているのです。

まさか、同業の方が儲けるために利用者さんをわざと悪化させるようなことはしていないでしょう。しかし、仕組み上では良くするためのインセンティブが働かなくなってしまっているのも事実です。だから、こうした課題を解決しようとする方向になかなか関心が向けられないのではないかと思うのです。

事業者は選ばれるために至れり尽くせりを提供し、利用者さんは楽になるのでそれを選んでしまう。結果的に「選ばれやすいサービス＝いいサービス」という勘違い意識が生じ、自立支援とは真逆な介護サービスが横行し、結果として寝たきり大国が加速してしまうのです。

介護サービスは「共依存」から「自立」へシフトすべき

では、これらの寝たきり問題を少しでも良い方向へ持って行くためには、何をすればいいのでしょうか。

当事者の意識や報酬のシステム、そもそもの医療の仕組みなどが複雑に絡み合っているので「これ!」という特効薬は難しいかもしれませんが、作業療法士であり、介護業界に身を置く立場として、リハビリや介護現場からのアプローチ次第で、良い方向に持って行けるのではないかと思っています。

その考え方の基本となるのが「リハ前置主義」です。つまり、介護の前にリハビリをしよう、という考え方です。

病気やケガ、老化などで体に不自由が生じた際、包括的にすべて介護するのではなく、まず「できること」と「できないこと」を分ける。そこに「できそうなこと」を入れてもいいと考えています。

その上で、「できそうなこと」を「できること」にまでリハビリを通して持って行き、「できること」を「していること」にアップさせる。そして、介護は「できないこと」だけに収めることが必要だと考えています。

ただ、これも現状はなかなか実現していません。〝介護前置〟になっていて、リハビリがあと回しになってしまっています。

いい嫁サービスの延長線上には「共依存」の関係が発生することを前述しましたが、本来必要なのはそれとは逆の「自立支援介護」です。

お風呂の例で言うなら、無条件に入浴サービスでお風呂に入れてあげて自分で入る力を低下させるのではなく、自力で入るために不自由なところだけを解消して、1年後も同じ生活ができるようにする意識で支援すること。「そのために今、何をしなければいけないか」を考えることが本来のケアの考え方なのです。

そして自立支援介護のゴールとして、現在のその人が抱えている課題を〝すべて代行して解消する〟のではなく、自力で解決するところに持って行かないといけないのです。

このような考え方を基に株式会社創心會を設立し、「本物ケア」という介護プロセスを用いて、これまでに数多くの方へ自立支援介護を提供してきました。

介護業界を知らない人からすると、これは非常識に思えるかもしれません。というか、業界の人間からしても同じでした。その中で〝業界の常識〟を打ち破ってきたのです。

ただ実は、かつて非常識だったものが、これからの常識になりつつある現実もまた存在します。

それを踏まえて次章では、この先の日本がどうなっていくのか、政府がどのような方針を打ち出したか、それによって日本人の生活はどう変わらなければいけないのかについて、お伝えします。

それと共に、今後も私たちが行っていくことと、そこから見えてくる、常識を打ち破るヒントをお伝えしたいと思います。

第6章

「日本一不親切な介護施設」が歩んでいく道

いよいよ、本書も最終章になりました。ここまで読み進めてくださり、ありがとうございました。

これまでお伝えした、私が成し遂げてきたこと、ここまでやってこられたことは、自分一人の力ではなく、仲間たちあってのことだと思っています。そして、自分を成長させてくれた介護業界そのものにも感謝を感じています。

だからこそ、恩返しのつもりで、変わらずに「非常識力」を発揮していきたい。成功者よりもむしろ「挑戦者」として、これからも常識の壁を打ち破り、より良い日本を作りたいと考えています。

そんな私の考える理想や未来予想図を、最後にお伝えします。

これからの日本で私たちはどう生きるべきか

「地域包括ケアシステム」という言葉をご存知でしょうか。

約８００万人の団塊の世代が75歳となる２０２５年は、国民の三人に一人が65歳以上、五人に一人が75歳以上という「超・超高齢社会」になり、医療や介護の需要は今よりさらに高まり、社会保障費の急増が予想されています。これがいわゆる２０２５年問題です。

国は、この問題を「地域包括ケアシステム」という仕組みを構築することで解決を図ろうと、様々な法整備や改革を推し進めてきました。

一言で言うと、たとえ重度の要介護状態となっても住み慣れた地域で自分らしい暮らしを人生の最後まで続けることができるよう、住まい・医療・介護・予防・生活支援ができる包括的な支援・サービス提供体制を作ろうということです。

そう聞くと、「素晴らしいケアシステム」のように聞こえるかもしれませんが、実のところ、この成否は我々の意識改革、覚悟にかかっていると言っても過言ではありません。

これから先、どのように生き、どこでどのように死んでいくのか。まさに生き様・死に様を自分で決める必要も出てくるのです。

これまで、病気や介護などの問題は、国全体で支えるという考え方のもと、「国民皆保険制度」（１９６１年）が整備されてきました。しかし、この制度が作られたときには、これほどにまで高齢化の進行や病気や介護の中身が多様化していくことが、あまり想定されていませんでした。

今や日本は、社会保険制度ができた当時の社会構造とはまったく違う世界へと変化してしまっています。当然、当時の社会保障の仕組みがそのまま通用するはずがありません。社会保障費が足らない、制度の存続が危ない、という状況になっているのです。

これまで、社会保障政策は国によってすべてがコントロールされていました。しかし、制度に必要な資金が欠乏したことで「国はもう面倒見きれなくなりました。これからは自分たちで何とかしなさい」と地方の自治体に投げてしまったのです。それが「地域包括システム」の実態です。

これまでの国の保険制度を利用して一律一様に守ってもらえた仕組みから、地域の特性に応じて、地域住民も一体となって、互いに支え合う仕組みを構築していかないといけなくなったのです。

「非常識力」が理想の未来をデザインする

さて、国は「地域包括ケアシステム」の構築に関わる法整備などの準備を着々と進め、2025年ももう目前に迫ってきました。

しかし、何とか乗り越える目処をつけたのも束の間、ようやく見えた峠の先に、新たに厄介な峰が大きくそびえ立っていました。それが2040年問題です。

高齢者人口がピークに達し、約4000万人になります。85歳以上が高齢人口の3割を占め、「高齢者の高齢化」が進み、困窮化、孤立化、認知症などの問題が深刻化します。

必要とされる社会保障費は今より1.6倍になると推計され、一方で、支える側となる現役世代は2040年までに約1000万人近く急減します。これによって世代間不均衡が極限に達します。

さらに、我々の医療・介護業界は深刻な働き手不足になります。2040年に必要とされる医療・介護の担い手は、約1060万人になる見込みで、今より200万人以上も足らないのです。労働人口が急減する時代にあって、我々の業界だけ200万人も増やせるとは到底考えられません。現在、すでに介護施設を新築したけれども職員が採用できずにオープンできない、という事例があちこちで起き始めています。

これまでの問題は、急激な高齢化によって増える社会保障費の急増、それによってお金が足りなくなるというものでした。今後は、たとえお金があったとしても医療や介護の担い手の不足によってサービスが受けられなくなるという問題が生じてくるのです。

少し暗い話になってしまいました。

ちょっと視点を変えて「高齢社会」を見てみましょう。

173ページの図をご覧ください。高齢世代の人口比率を表すものです。これまでは確かに高齢者の人口が急増していましたが、今後は高齢者の数はそれほど増えないことがわかります。高齢化率が高まってくる原因は、若い世代の減少によるものだということが見えてくるでしょう。

第5章で、人生100年時代だと触れました。

私たちは長寿を願い、衛生環境や栄養状態、医療を進歩させてきました。こうした環境が整ってくると社会は必ず高齢化します。人生100年時代を想定し、人口が安定する社会になった

高齢世代人口の比率

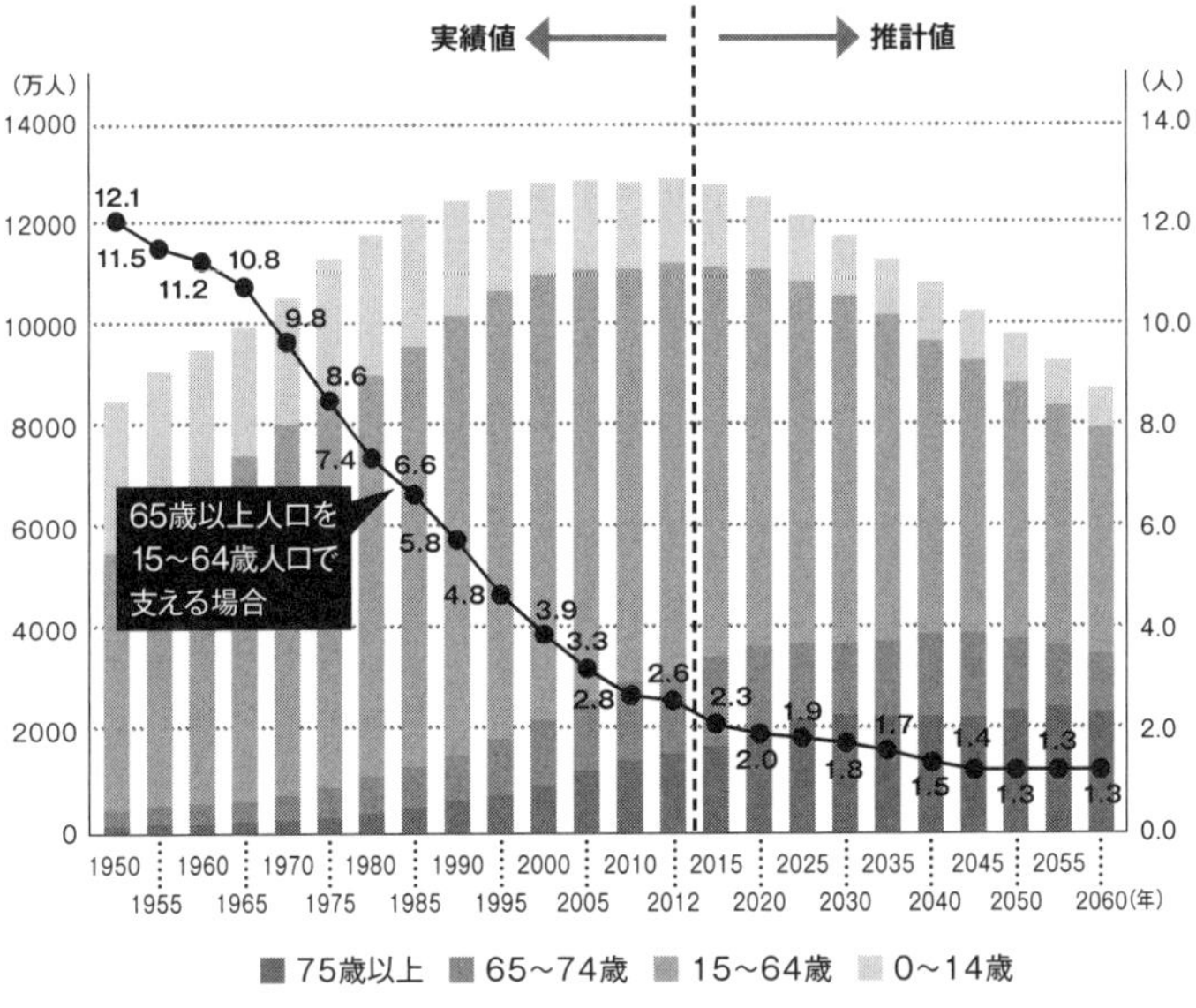

資料:2010年までは総務省「国勢調査」、2012年は総務省「人口推計」(平成24年10月1日現在)、2015年以降は国立社会保障・人口問題研究所「将来推計人口」(平成24年1月推計)の出生中位・死亡中位仮定による推計結果

ときの高齢化率は、40％程度で推移していく形がスタンダードになります。今は、私たちが目指してきた長寿社会に成熟する前の大変革期にいると言えるのではないでしょうか。

１７５ページの人口遷移論の図を見れば、その変化の様子がわかると思います。

また、その変革期を乗り越えれば、人口構造は一定の割合のまま長く続いていくことが見て取れます。

つまり、この人口構造に合った社会を創り上げることができれば、この先、１００年、理論上では１０００年先も安定した社会が続くということになります。

高齢社会と言えば、高齢者ばかりがあふれた暗い未来を想像しがちですが、そうとは限らないのではないでしょうか。

見方を変えれば、その常識を打ち破る新しい「非常識力」を発揮し、理想の未来をデザインできる可能性があふれているとも考えられます。そして私は、そこに喜びとワクワクを感じます。

例えば、地域包括システムは、構築するための法整備が整ったとはいえ、まだ構築されたわけではありません。

国は地方自治体に投げたと述べましたが、逆の見方をすれば、これまでの一律一様の制度の

人口遷移論

50歳で分割　250年間の推移

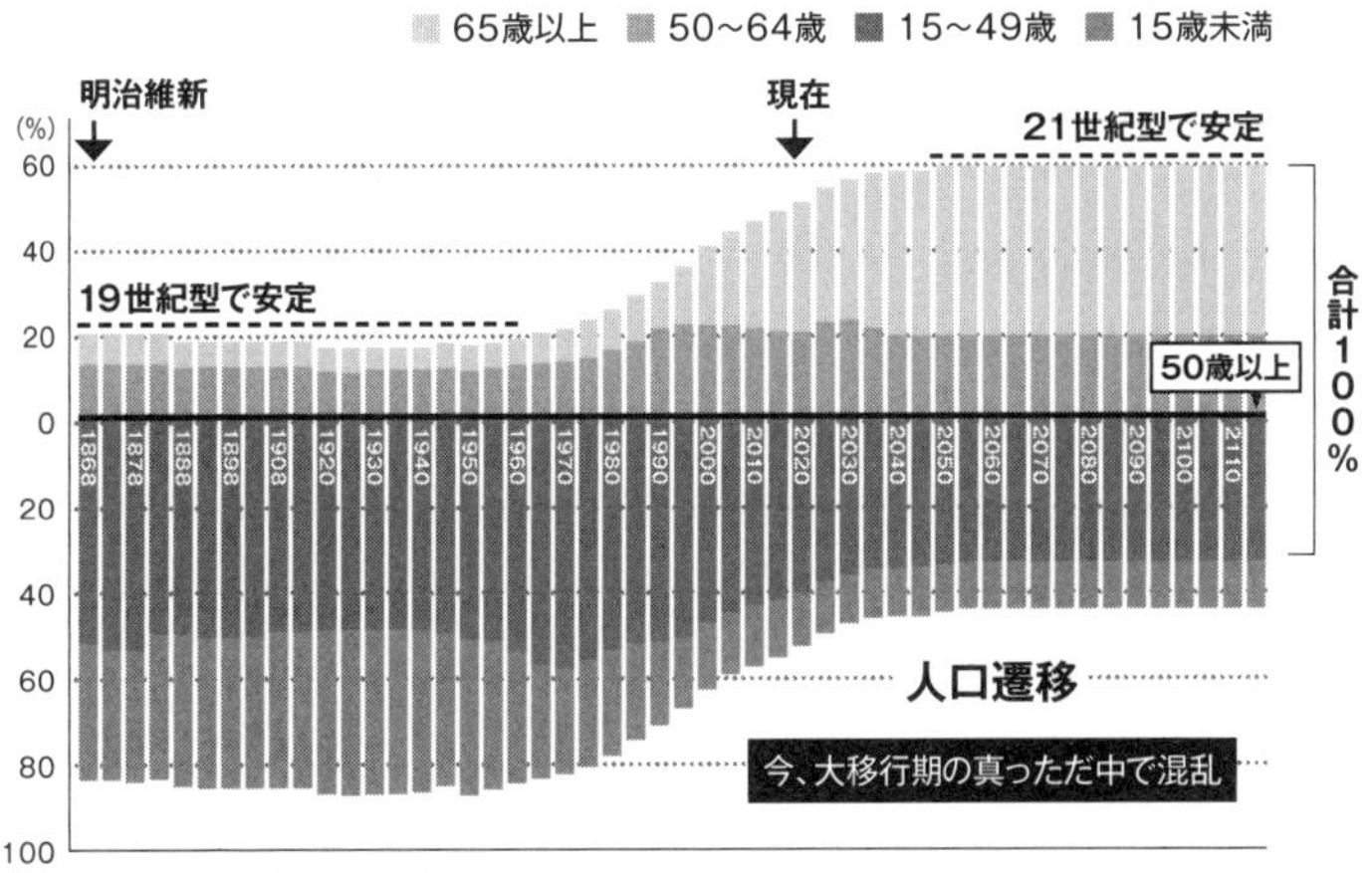

出典：国勢調査・岡崎推計・社人研2017推計

枠にとらわれず、地域の特徴を生かした社会保障の仕組みづくり、街づくりに参画し、挑戦することが可能になったとも考えられます。

不足する医療・介護の労働力を補い、業務効率を上げるのにＩＴ・ＡＩ・ロボットなどの分野も大いに活躍が期待されます。健康寿命を延ばすことで社会保障の負担を減らせるような、新たなヘルスケア産業も脚光を浴びるでしょう。

高齢者が3分の1を占める人口構造の中、しかも人生１００年の時代が来ようとしている現在、「65歳で引退して悠々自適の年金暮らし」というのは現実的ではありません。

むしろ、「高齢者」の概念や「就労」の価値観を変えるような――例えば、故・堺屋太一氏が提唱していた「年金兼業型労働」なども、一般的なものになるかもしれません。

人口遷移論の65歳以上のラインを、70歳〜75歳に引き上げると、さらに安定した構造に見えてくるのではないでしょうか。

「地域」から社会を包括的に支えるための新たな取り組み

これからの社会を支えるためのキーワードとして、「地域」が挙げられます。

地域コミュニティ、連携、絆など、地域の持つ潜在力に目を向ける必要があり、そこに「社会から必要とされるもの＝ビジネスチャンス」も隠されていると思います。

その一例として、創心會が新たに取り組んでいる「地域から社会を包括的に支える取り組み」をいくつかお伝えします。

●介護事業の素晴らしさを幼少期から啓発する「一日子ども社長」

5～6年ほど前から、夏休みにデイサービスセンター近隣に住む小学生たちにお仕事体験会を開き、介護の仕事を知ってもらう取り組みを行っています。名づけて**「一日子ども社長」**です。

介護業界の慢性的な人手不足、それによって必要なサービスが供給できなくなると言われています。労働人口が減少していく中、これはかなり厳しい状況です。

そのため国は、2019年度に約1000億円規模の財源を投入し、勤続10年以上の介護福祉士に平均して月額8万円相当の賃上げを行うと閣議決定しました。また外国人労働者の受け入れを発表したりしているのです。

一方、生徒が介護・福祉への進路希望を口にすると、「介護業界はメシが食えないからやめておけ」と高校の先生が反対するくらい、福祉系の仕事は忌み嫌われるものになってしまっています。実際に定員割れで閉校している福祉の学校もたくさんあるのです。

また介護職員が利用者さんを虐待したり、暴力をふるうなどの事件が大々的に報道されるなどの影響も大きく、かなりネガティブなイメージを持たれてしまいました。

でも本来、介護はとても意義深く尊い仕事ですし、これから来ると言われているＡＩ時代にあっても代替の利かない、なくてはならない仕事でもあるのです。

そんなこともあって、子どものうちから介護の仕事に触れてもらい、いかに素晴らしく意義のある仕事なのかを知ってもらうために、一日子ども社長の取り組みを行っています。

対象は小学校１～６年生で、学校の総合学習「職場体験活動」の受け入れの一環でもあり、2018年の夏には236名の〝社長〟が誕生しました。

お子さんには、「一日社長」のたすきをかけてもらい、利用者さんの体操指導をしてもらったり、朝の送迎で荷物を運んでもらったり、お茶汲みや配膳などをしてもらったり……このような経験を通して、高齢者や認知症の人を身近な存在に感じてもらえることにもなると思っています。

核家族化が進んで、「おじいちゃん、おばあちゃん」を身近に感じることなく育つ子どもが増えました。その影響は計り知れなく、文化継承の機会も失われつつあります。

昔話の多くが『むかしむかし、あるところに、おじいさんとおばあさんがいました』で始まるように、昔のことを伝えたり、古き良きもの・伝統を伝えるのは高齢者の役割です。その機会を作る方法でもあるのです。

出産は「十月十日」というように準備ができます。しかし、介護は事故や病気をきっかけに突然やってきます。ほとんどの人が準備の整わないまま、情報不足の中でスタートします。いくらサービスの選択肢がたくさんあるとはいえ、緊迫した中で余裕をもって選ぶことは難しいでしょう。

そういう意味で、親御さんたちにとっても、介護について意識を準備してもらういい機会にもなりますし、職業としての介護に関心を持ってもらうことにもつながります。

一日子ども社長は、介護が地域を巻き込み、地域と介護がオーバーラップする取り組みのひとつですし、日本の古き良き伝統を継承する手段にもなりえると考えています。

●ボランティア・グループ「かわいい鬼の会」

創心會の本社がある倉敷市茶屋町は「鬼の町」。茶屋町と言えば鬼、鬼と言えば茶屋町と言われるくらい、茶屋町の秋まつりは鬼で有名なことから命名されました。そこに「かわいい」をつけたのは、地域の高齢者だけでなく、お子さんやお母さん、その他の茶屋町在住の方々に創心会リハケアタウンを応援していただき、老若男女が親しめるようにしたかったからです。

２０１４年7月。会社に隣接する公園で、民生委員が中心となって「ラジオ体操を楽しむ会」が発足しました。中心メンバーは「できるうちにいろいろなことに積極的に参加したい」と考えた72歳~82歳の元気な女性たち。

その会に、弊社の社員の一人が参加したことがきっかけで、２０１6年9月にボランティア・グループ**「かわいい鬼の会」**が結成されました。「ボランティア活動をベースとして、参加する方々の健康づくりの増進や、会員相互の交流を活発にしながら、一人ひとりの資質の向上と主体性を引き出し、いきいきとした地域づくりに貢献すること」を目的に、8名の方が登録されました。

最初は、認知症対応型デイサービスの「五感リハビリ倶楽部」からこの8名のうち4名のボランティアの受け入れを開始。デイサービスの利用者さんが役割として行っている昼食の盛りつけや配膳などを見守ったり、声掛けや誘導をしてもらいました。午後からは、脳トレの一環として行うカードゲームなども主導してもらいます。

認知症の症状のひとつに「帰宅願望」というものがあります。介護施設に来ても、すぐに「家に帰る」と言ってスタッフを困らせることがあるのです。しかし、ボランティアを導入したことで時間を忘れてゲームに熱中するようになり、帰宅願望がほとんどなくなりました。スタッフも高度なケアに一層集中できるようになり、ケアの向上に一役買うことにもなりました。

こうしたボランティアの活躍を聞きつけ、後期高齢者&重度介護対応デイサービスの「百年煌倶楽部」の職員からもボランティアの受け入れの希望が出ました。毎日2名ずつ交代で入浴後の利用者さんの髪を乾かしたり、整髪後の話し相手をしてもらい、それを楽しみにされる利用者さんも増えました。

ちなみに、この活動は「倉敷市介護支援いきいきポイント制度」に登録しています。活動1時間で100ポイントが貯まる仕組みになっていて、100ポイントにつき100円、年間最大5000円まで換金できるのです。「かわいい鬼の会」の皆さんは獲得したポイントを換金して、みんなでランチビュッフェを楽しんでいます。

ボランティアの発足から2年後には会員数は倍の16名になり、活動内容も広がりをみせています。こうした活動によって、ボランティアの方々にとっても地域に居場所や出番、役割が新たに形成され、生活の一部となっただけでなく、生きる喜びになったという声も寄せられています。

●地域サポーターの養成事業

先ほど紹介した「介護支援いきいきポイント制度」は、2010年より高齢者が積極的に地域に貢献することを奨励、支援し、社会参加活動を通じた高齢者自身の健康増進を図ることを目的に生まれたボランティア制度です。

創心會本社のある茶屋町地区は、急速な発展を遂げて珍しく人口増加している地域です。しかし、急速な人口増加は「地域住民の連帯感の希薄さ」という課題も生みました。特に、茶屋町地区の「ふれあいサロン」活動は2団体のみで、他の地域に比べ極端に少ないことがわかりました。

「ふれあいサロン」とは、高齢者が歩いて行ける場所で定期的に集い、閉じこもりや寝たきり・認知症の予防を目的に世間話や健康体操、ゲームなどを住民が主体的に企画運営する活動のことです。

こうした活動が低調なのは、もしかすると、私たちの事業活動が活発だったことも影響しているのかもしれません。「介護事業の発展は、一方で地域コミュニティ力の低下を招くのではないか」とも懸念されているからです。

もしそうだとするなら、介護事業だけが拡大していく状況はこれから地域住民の力がキーになってくる時代に憂慮される事態です。そこで、グループ企業であるハートスイッチが主体となって、**「地域サポーター養成講座」**という新たな事業に取り組み始めました。

茶屋町地区の住民を対象に、地域サポーターの希望者を募って、1回の講座120分×4日間で地域サポーターの役割、疾病の理解とコミュニケーション、健康体操の目的・実施ポイントを学んでもらいます。

全日程受講した修了生の中から、希望者には「地域サポーター」として登録してもらいます。地域サポーター登録者には2ヶ月に一度、創心會が主催する地域交流イベント「Chayaの市」で、健康教室の運営を手伝ってもらいます。将来的には地域サポーターだけで健康教室が運営できるようにしたいと考えています。

さらに、「かわいい鬼の会」と同様、介護施設でのボランティア活動を担ってもらったりしています。中にはご自身で他にもボランティアを探され、複数の高齢者施設で活動するツワモノも出てきました。要介護者としてサービスを利用していた人が、その後のリハビリによって地域でボランティアとして活躍できるようになるまでに回復した例もあります。

第2章でお伝えしたとおり、その人たちへの就労支援や農福連携はすでに行ってきましたが、さらにご高齢の方たちには、地域サポーターや「かわいい鬼の会」に合流してもらうこともあります。ボランディア活動を通じて心身の活動を継続したり、生きがいにもつながっています。

つまり、介護サービスを受けていた側から、ボランティアとしてサービスを提供する側になったのです。

こうした地道な活動は、住民の積極的な社会参加や地域貢献を促すきっかけになることを期待していますし、これからの社会に必要な活動だと考えているのです。

●「合同会社　連」の活動「天茶連《あまちゃれん》」

もうひとつ、これも実験的な事業ですが、グループ会社の「合同会社　連」が行っている地域活性化事業があります。本社の隣町にある高齢化が進行しつつある高台の住宅地を中心に活動を行っています。

高齢者を主な対象として**「茸っこ倶楽部天茶連」**という会員組織を形成し、生椎茸の生産者と連携して流通経路に乗らない（形が悪い、大きすぎる、間引きをした小さいもの）生椎茸を提供してもらい、乾燥椎茸の製造・販売を行っています。会員は２０１９年２月現在で１１２名を数えます。

生産者としては廃棄作業・処分料などに悩んでいましたが、高齢者や障害者の人たちの役に立つようであればぜひ活用してもらいたい、ということで無償提供していただいています。廃棄されるはずだった椎茸は、この活動を通じて商品価値を生み、売上が会の運営費になり、農業と福祉の連携が実現しているのです。

現在は、週2回の椎茸加工作業に加え、月に2回介護予防の体操指導や、生活支援として買い物に行けない人の近隣のスーパーマーケットまでの送迎、年2回椎茸祭りを開催するなど活動内容が広がってきています。

こうした活動は、近隣の人たちと顔見知りになり、お互いに声を掛け合い、変化に気づき合うといった関係を構築します。活動に参加することで介護予防や閉じこもりの予防を図っています。また、お互いの支えがあれば独居となっても地域で暮らし続けることができるコミュニティの形成支援事業でもあるのです。

また、連ではリサイクル事業（回収と販売）、生前整理、遺品整理、環境整備事業（掃除や修繕作業）なども行っています。リハビリで良くなっても定期的に働けない人や孤立してしまう人、閉じこもりになってしまう人も少なからずいらっしゃいます。これは高齢者だけではなく、ミドル層や若い人も同じです。そういった方々に少しでも事業に関わってもらって、活躍できる場を提供することを目的にしています。

年金をもらうようになっても、何かをやって誰かに認めてもらうこと、何かに従事することは重要です。働く＝お金を稼ぐことではないのです。働くことは自分を表現する手段であり、認めてもらう方法です。それが幸せにつながり、生きがいになります。そんな居場所づくりを行っているのです。

社会構造の変化と共に必ず必要になってくるのが、障害者や高齢者の社会参加です。こうした活動は、会社にとっても、地域にとってもお金には代えられない財産になり、きっと実を結んでくれるだろうと思うのです。

医療を通じた包括的地域貢献への取り組み

本章の冒頭で「社会保障費が足りない未来が見えている」ということをお伝えしましたが、それは社会保障制度が崩壊しかねないということであり、医療保険制度もこのままでは継続が危ぶまれているのです。

一説には、高度な医療機関では患者さんの最後の3日間で生涯医療費の30%の医療費が使われていると言われています。このことに代表されるように、人生の最後に近づくほど医療費が高くなる傾向があります。

それが悪いとは言いませんが、果たして管につながれて意識もない状態のままでの延命措置が患者さん本人にとって幸せなのか、家族から離された治療室で孤独に死を迎えることが幸せなのか、尊厳ある死についても、もっと議論されてもいいのではないでしょうか。

終末医療に対して、患者さん本人や家族の意思がどれぐらい尊重されているのか。

昨年、国は「人生の最終段階における医療・ケアの決定プロセスに関するガイドライン」【改訂版】を発表しました。しかし、そこには具体的な行為は示されていません。「どんな死に方をするのか、本人の意見を尊重して、話し合って決めて書面に残してください」というようなことしか書かれていないのです。これまで、そんな当たり前と思えるようなことさえできていなかったことを物語っています。

国の方針も不明確な中、創心會の訪問看護チームは自宅で尊厳ある死を迎えるための、終末期ケアに取り組んでいます。死を病院で迎えることが当たり前になってしまった現代では、ご自宅で看取りをするにはご家族にも様々な覚悟が必要です。詳しくは別の機会に譲りますが、住み慣れた自宅で死を迎えるための終末期ケアというものをもっと知っていただき考える必要があると考えています。

●医療面から国と地域に貢献する「SSK茶屋町クリニック」

医療費問題に話を戻します。医療保険制度が作られたころと現在の医療では、お金がかかる部分にも大きな変化が起きました。それが医療費の増大にもなっているのです。

昔の医療は、主に感染症や怪我を治すことでした。ウイルスを叩く、バイ菌を殺す、傷を治す……これができれば治療は終了、いわば急性期の治療が多かったのです。

ですが、現在の医療でお金がかかるのは、糖尿病、心臓病、がん、脳梗塞など生活習慣から来る慢性的な病気が圧倒的に多くなっています。さらに厄介なのは、感染症などと違って一度で治らないため、かかる医療費が雪だるま式に膨らんでいってしまうのです。

国が推し進めてきた地域包括ケアシステムですが、まだまだ課題があり、中でも「保健」と「予防」の面においては充分な成果が上がっていないのが現状です。

生活習慣病の原因となる栄養過多、飲酒、喫煙、運動不足……これらのことを考えると、私たち国民側にも、〝心当たり〟と「できること」がいろいろとありそうですね。

なお、国は2025年に向けて、高齢者の健康寿命の延伸や介護予防の推進を図るための新たな仕組みづくりを議論し、その先の2040年に対応できる制度の検討を始めています。

こうしたことから、未来には「保健」や「予防」を重視した時代が来るとわかるわけです。


さて、医療面からでも地域と国へ貢献できる方法として考え出したのが、最近開院した**「SSK茶屋町クリニック」**です。

内科とリハビリ科が併設されたクリニックで、より医療的なリハビリテーションができるだけでなく、医師、看護師、リハビリ専門職、管理栄養士、介護福祉士など、様々な専門職で構成されたチームで、地域にお住まいの方々の健康を支えていく予定です。「保健」「予防」という側面を強化し、国の医療費・社会保障費の抑制に貢献できるのではないか、と考えているのです。もちろん、これは創心會だけでできることではありません。成功するかどうかもわかりません。他の事業者の協力や、私たち一人ひとりの健康意識によるからです。

例えば、酒を控える、タバコをやめる、運動習慣を作る、栄養バランスを考えた食生活（食事改善）をする……こうしたことを専門チームでサポートしていくのです。

新しい専門職「フードリハスタッフ」

高齢者の高齢化と共に独居高齢者の問題はすでにお伝えしました。中でも「孤食」（一人で寂しく食事をとること）は、心身の健康問題に大きく影響することが指摘されています。栄養は、「何を食べるか」に加えて「どのようなシチュエーションで、どんな気持ちで食べるか」ということがとても重要です。ですから孤食は、高齢者だけでなく、世代を問わずに多様な社会問題を起こす原因と言われているのです。

私が訪問リハを始めたころ、運動療法が必要な人も多くいましたが、低栄養状態の人はなかなか運動の効果が上がってこない実情がありました。そのため筋力強化に効果的な食材や料理などの提案も行っていました。

在宅生活を支えるためには「心」「身体」「栄養」の環境とバランスが大事だということを実感していたのです。そして療法士・看護師・介護士に加えて管理栄養士のような専門職も関わることが必要だと考え、創心會では、管理栄養士や栄養士を**「フードリハスタッフ」**と称して、独自の専門職として位置づけるようになりました。彼らが加わったことで、先に述べた生活習慣病予防のための食生活改善、そして、孤食の問題などにも向き合えるようになります。また、グループ会社には農業法人もあり、デイサービスの利用者さんのための食事も提供しています。栄養面からのケアもできることがたくさんあるのです。

私たちは事業活動を通じて、これまでに3万人を超える方々と出逢ってきました。ご紹介してきたように、今後はリハビリや介護だけでなく、コミュニティの形成、医療サービスや栄養面などからも利用者さんやその家族に包括的な支援をしていきたいと考えています。

「保健」「医療」「介護」「福祉」の4本の柱で、地域の様々な課題を解決していく――これが、これからの充実した地域社会の形成に必要だと考えているのです。

旅リハ普及をさらに進めるための認定資格制度「旅行介護士」

障害を負って身体が不自由になったり、介護が必要になった人がリハビリを通して社会復帰をしたとき、何をもって社会復帰とするかの定義については様々です。

仕事に復職できた人もいれば、定職に就けない人もいるでしょう。日常生活の介助がわずかで済む人もいれば、歩くのに杖が必要な人もいます。

ある程度のリハビリの成果を示すひとつの指標として、目安にしているものが「旅行」です。身体が不自由になるということはそれだけで外出は億劫になりますし、外に出てそんな姿を見られたくないという人も大勢いらっしゃいます。

しかし、外出することは閉じこもりや寝たきり、認知症を防ぐためにとても大切なことです。外出するには「自信をつけること」が重要なキーワードになります。自信をつけるのにもっとも効果的なのが「旅行」なのです。

遠出をすることで、外出できた喜びに加えて、これまでできなかったことができるようになったことを旅先で確認でき、自信につながります。

自分がどれだけ回復したかを実感でき、大きな喜びになります。旅は人を元気にします。

実際に、歩行に自信のなかった人が、旅リハで歩いたことがきっかけとなり、自信につなげた人もいますし、以前は車椅子での参加でしたが、自分で歩いてみたい、とリハビリにも力が入り、実現した人が何人もいらっしゃいます。

このように「旅先で歩く」ということが目標となり、励みにしながらリハビリに取り組めるようになるのです。

今では一般的になりつつある「旅リハ＝旅行を通して活動を広げるためのリハビリプログラム」も、創心會ではいち早く取り入れて実践してきました。

旅リハには違った効果も期待できます。病気や障害を持つとそれまでの人間関係が途絶えていってしまうことは少なくありません。

そんな中、旅リハを通して同じ境遇同士の人たちとコミュニケーションを図れることは、その人たちにとっての新しい財産となります。さらに先輩の障害者から、生活の中での工夫を教えてもらうこともできます。

旅行がリハビリにいいことは今や周知の事実。旅リハのサービスが一般化していることからもそれは明らかです。

では、そこから一歩進むためにはどうするか？

介護事業者仲間と共に新たに一般社団法人日本介護旅行サポーターズ協会を起ち上げ、**「旅行介護士」**という認定資格を作ることにしました。介護の仕事をしている人に旅程管理者の資格（添乗員の資格）を取らせ、旅行を企画して、さらに旅行介護もできる人として添乗できるように養成するのです。

旅行介護は、介護事業者の新たなビジネスとして期待できますし、介護職の処遇改善にもつながる可能性があります。

この企画は、大手旅行会社のバックアップや厚生労働省や観光庁から後援もいただいています。２０１９年4月には社員10名ほどを養成し、今後は認定資格としてさらに人財を育成していきます。

社員の処遇改善のための「太陽光発電事業」

介護業界は今後も人手不足が深刻化するということはすでにお伝えしました。特に給料に関しては、安いイメージが強くなったことも、介護業界に人を誘導できない一因になっているような気がします。

介護報酬は国によって定められたサービス内容や利用者さんの介護度に応じて決まります。報酬（お金）は事業主に入りますが、それがどのように給料として分配されるかは事業主の裁量に拠ります。社会保障費の財源の問題で介護報酬はなかなか上げることができないですし、思うように賃金が上がらない現状になってしまうのです。

２０１９年度には１０００億円規模の財源を投入し、介護職の処遇改善を図ることが閣議決定されましたが、それでどの程度改善されるのかは不透明な状態です。

少なくとも、他産業に比べて良い状態にまで持っていくのはしんどいと私は見ています。こうした状況は決して楽観視できません。何とかしないといけない。太陽光発電事業を始めたのも、それがきっかけでした。

場所は岡山県の和気市というところで、山を購入し一部を開発してメガソーラー発電所を作りました。ちょうど売電価格も一番いいときで、年間1億円程度の収入が得られます。それを、全額創心會の社員の処遇改善に充てているのです。

私は立場的に、政治家やシンクタンクを通して国から意見を聞かれたり、要望を出すこともありますが、以前からずっと「介護職員の待遇が良くなる仕組みを構築してほしい」と訴えてきました。

介護はもはや国家事業です。例えば、別建てで基金を作るなどして、確実に介護従事者へ渡る仕組みが必要だと言ってきたのです。

ですが、考えるだけだったら誰でもできる。意見することも誰でもできる。人に言った以上は、自分でもやってみる――それが私の発想でした。

人生の目標に気づかせてくれた、ある利用者さんとの出会い

本書を通してここまでお伝えしてきたことの他にも、この先にやりたいことはまだまだあります。

国の動きを見る必要はありますが、私が創業時に掲げた基本理念「予防から終末期までのケアを住み慣れた地域で完結するために、リハビリテーション理論に基づいた包括的本物ケアシステムを構築・提供・発信・普及してケア革命を起こすこと」の実現のために、活動を続けて

いきます。

私がこのように「ケア革命」を考えるようになったのは、もう25年以上も前になりますが、ある一人の利用者さんとの出会いがきっかけでした。


在宅医療の現場に入って間もないころ、ある方、（Aさんと呼びます）のリハビリを担当することになりました。Aさんは当時50代で今の私と同世代です。職人を連れてバリバリと仕事をするやり手の方だったようですが、ある日、脳出血で倒れてしまったのです。出血は脳幹部で起こったため、大変重い後遺症が残ってしまいました。

全身に麻痺が残った影響で筋肉が異常に緊張して、思うように体を動かすことができません。起き上がることはもちろん、座っていることも、寝返りを打つこともできませんでした。当然ながら、食事、会話、排せつなどの生きるために必要なことのほとんども自分ではできず、鼻と膀胱に管を通され、気管を切開され、一日中ベッドの上で過ごし、介護がなければ生きていくことができない状態になってしまったのです。

Aさんの担当になった当初、私は介護負担が少しでも軽くなるよう、教科書通りに関節の運動を中心としたリハビリを行っていました。時間の関係もあり、他にできることがありませんでした。私の知識・技術不足もあったと思いますし、在宅リハビリの技術がそれほど発達していなかった時代の話です。

Aさんとのやり取りは50音が書かれている文字盤を使い、眼球の動きで読み取っていくのですが、それでも難しい場合は、わずかに動く指にセンサーを取りつけ、意思伝達装置に文字を打っていくのです。

ある日、私がAさん宅を訪問すると、その装置を使ってモニターに文字が書かれていました。わずかに動く右手の親指だけで一生懸命書いたのでしょう。平仮名でとつとつと打ち出されていました。

「せんせいわたしのびようきわなおりますか?」

私は何も答えることができませんでした。Aさんの後遺症が治るものではないことくらいは当時の私でもわかっていたからです。すると、Aさんは何かを悟ったかのように、こう打ち出しました。

「しにたい」

その文字を見て、自分の無力感と何よりAさんの心の内を察して、私は自分の胸が押し潰されるような感覚になりました。そして、「何という態度をとってしまったのだ」と後悔する一方で、それ以上何が言えるわけでもなく、言葉を失っていました。

その後のAさんは、事あるごとに「しにたい……」と、自分の意思を伝えてきました。Aさんは、死ぬことさえ自分の意思ではできないのです。時間が来れば鼻から栄養が入ってくる、排泄物も自分の意思には関係なく処理されていきます。

死にたいと思いながら天井だけを見て過ごす時間は、どのようなものだろう。Aさんと同じ立場になったら、自分もきっと……次第に私は、Aさん宅に訪問すること自体がつらくなっていきました。

しかし、転機が訪れます。初めて座位になる訓練をしたときのことです。

緊張してピンと張った下肢を少しずつ緩めて曲げつつ、上体を起こしていきました。かかとを床につけて、上体を支えられるようポジションを取りながら……すると、Aさんはベッドの上で座った格好になれたのです。そして、恐る恐る支えていた手を放してみました。その姿勢を何とか保持できました。

「座れましたね」

私はそう言いました。

すると、傍にいた奥さんがポロポロと涙をこぼし始めました。奥さんの顔を見たAさんが、顔をくしゃくしゃにしてワーッと声にならない声を上げました。私の頬にも熱いものが伝い、三人で泣きました。

この経験は私に大変重要なことを知らしめてくれました。

それは、介護をしている家族の存在とその想いです。

ご本人ももちろんつらかったでしょうが、奥さんもまた同じようにつらい思いをされていたのです。しかし、命ある限りは……と、懸命に介護をされていたのでしょう。

恐らくAさん本人は、奥さんの涙を見てつらいのは自分だけではなかった、妻も同じ想いでいたのだろうことに気づいたのではないかと思います。死にたい気持ちがなくなったわけではないでしょう。ですが、自分が死にたいと言うことで奥さんを苦しめていることがわかったからか、その日以来、「しにたい」と打つことはなくなったのです。

当時、ちょうど老人保健法が改正され、高齢者に対する在宅医療を推進する法律が整備されたころでした。しかし、Aさんのような高齢者でない患者さんは、自宅に帰るための制度がなかったのです。そこで、国は在宅医療を高齢者以外にも広げようとモデル事業を行いました。

Aさんは脳出血になったことは不幸でしたが、たまたまこのモデルケースに選ばれたため、このような在宅復帰を可能にしたのです。しかし、全国には同じような状況で、病院から出られない人がごまんといました。

そう考えたとき、住み慣れた地域で愛する人の存在を感じられる環境で生活が保障されるケアシステムを構築して、ケア革命を起こさないといけない。それが自分の使命だと気づき、人生の目標になったのです。

この出来事が、まさに私の人生のターニングポイントになりました。その後も、私を支えるエピソードとして困難に立ち向かう際のエネルギー源となっています。

「絶対ムリ」でもこだわってやり続ければ成功への道は開く

最後に、私がここまで来られたもうひとつの成功要因についてお伝えし、本書の締めとしたいと思います。

起業してからというもの、私はずっと周囲から「それは絶対に実現不可能だよ」と言われることにこだわってやり続けてきたように思います。

お遊戯ばかりだったデイサービス業界に、それを禁止にしてリハビリやトレーニングを取り入れたこと、障害者や高齢者の社会復帰・社会参加を目指したこと、農福連携の就労支援の施設を整えたこと……それまでは「介護が必要になる＝人生のゲームオーバー」という意識だったもの（それはまだ残っていますが）を、少しでもシフトチェンジさせようと事業を展開させてきました。

過去に、厚生労働省は訪問看護ステーションが行うリハビリの回数に制限をかけようとしたことがあります。通称「訪問看護7制限」と呼ばれていますが、あまり知られていないことかもしれません。

平たく言ってしまうと、「訪問看護なんだから、訪問リハビリサービスの供給量が看護サービスより上回ったらおかしい」と考え、それを法改正という手段で有無を言わさず制限しようとしたのです。例えば、月間で看護師が100件の看護サービスを利用者さんに提供しているなら、リハビリはそれ以下の回数でないと認めないことにしたのです。

作業療法士には開業権がありません。ですから、療法士たちは訪問看護ステーションを設立し、その枠の中でリハビリ行為を行うしか方法はありませんでした。

当時の私からすれば、もしもそんな条件がルールの中に課されてしまえば、雇っている職員たちの仕事が奪われてしまうだけでなく、会社は倒産するだろうし、何よりリハビリを必要としている利用者さんの依頼先がなくなってしまう、国は他に受け皿があると言っていましたが、現実にはかなり難しいだろうと考えていました。

そこで、全国の仲間に声をかけ、官僚に嘆願書を出したり、政治家にお願いをして話し合いの場を設けてもらったりしました。私は自分の事業を展開していく中で、それまで政治家に頼ったことは一度もありませんでした。ただの一度も、です。しかし、このときばかりはまさに死活問題でしたので、力のある政治家にお願いに行ったのです。

しかし、厚生労働省の官僚は、政治家を使われることをとても嫌います。私の行為は「お上に盾突いた」と見なされ、国から相当な仕打ちや嫌がらせを受けました。ここでは具体的には書けませんが、本当にひどい目に遭いました。

ですが、それでも挫けませんでした。長い時間をかけて、仲間の協力もあって、3年後に「訪問看護7制限」のルールは事実上、撤廃されたのです。

もしも私があのときに「国が決めたことだから」とあきらめていたら、今の創心會はなかったでしょう。国が決めたことだから、という「絶対ムリ」と思えるようなシチュエーションでも、自分にこだわりがあってやり続ければ、逆転ホームランで成功することはできます。

この話には、おまけがあります。

当時の弊社の療法士たちは、相当不安な毎日を送っていたと思います。私は自分の不安でいっぱいの内面は隠して、「君らは正々堂々と訪問をしなさい。何も悪いことしてないのだから、どんどん増やしなさい。必要とされるリハビリで必要としている人の想いに応えなさい。あとは私が何とかする」と彼らを現場に送り出していました。

この制限ルールが強制された場合、療法士たちの働く場所がなくなります。私は、療法士たちと一緒に仕事を続けたいと本気で思っていました。

そこでリスクヘッジも兼ねて、新たに療法士が活躍できる場として、リハビリ特化型デイサービスを次々にオープンしていったのです。

結果、ルール撤廃のときには、訪問リハもデイサービスも大きく事業として成長していました。そして、制限撤廃に向けて共に活動した全国の仲間たちは、一生の友と言える財産になりました。「災い転じて福となす」を地で行った例ではないでしょうか（借金も大きく成長しましたが（笑）。

本書を読んでいる人は、介護事業とは関係のない世界で生きている人が大半でしょうか。それぞれ働いている業界特有の常識やルール、縛りがあると思います。

ですが、基本的な考え方は変わらないと思うのです。考え方をベースに、それぞれの世界に合ったやり方をやっていけばいい。ただ、やり方の前には考え方が大前提としてあるのです。

最後にお伝えしたいのは、自分が「これをやりたい」と思ったり行動していることにこだわってもらいたい、ということです。

周囲から、世間から「絶対ムリだよ」「それは非常識だよ」と言われても、自分の中に軸があるなら、それをブレさせずに「どうやれば実現できるか？」の視点にシフトチェンジして行動してもらいたいのです。

愛媛県松山市でやんちゃくれ坊主だった私がここまで成長できたのは、経歴に関係なく、非常識や絶対ムリと言われても、あきらめることなく自分の信じた道を貫くことによって、「常識を破る人」になれたからです。

どうか自分の信じた道を進んで、突き抜けた人になってください。

おわりに

本書を最後までお読みくださり、ありがとうございました。

原稿を書く際に本書を手にしていただく方を想像したとき、私の中では「これから何か事を成していきたい」という想いを持った若者がイメージされ、毎年、創心會に就職してくる若者の姿とダブって見えました。

そのため、語調が新人向けになっていなかったかと心配な部分もありますが、新たなチャレンジをする際に本書が少しでもお役に立てれば幸いに思います。


私は、この国に生まれたことを本当に良かったと思っています。ですから、この先の日本も素晴らしい国であってほしいと願っています。

本書で述べたとおり、少子高齢化に起因する社会保障の問題は国家レベルの課題であり、危機的状況であることは間違いありません。この危機を乗り越えていくためには、国民が主体的にこの課題に向き合い、意識を変える必要があると、私は考えています。

そして、作業療法の考え方がもっと広く浸透すれば、課題解決を促進させる力になると信じているのです。作業療法士を医療機関の中だけで仕事させておくのはもったいないことです。作業療法士をはじめとする専門職の方々にも意識改革が必要なのですが、それ以上に必要なのが規制改革です。一部の力を持った団体による既得権保護や、既存の縦割りシステムの中では対応できないことが多いのです。

私はそこに対しても具体的な事業構想を提言してきました。

しかし、規制の裏にある既得権を崩していくことの難しさは相当なものです。この壁は本当に厚く、私が生きている間に実現するのは難しいかもしれません。それでも自身の事業活動を通じて、「こうすれば良いのではないか」ということを今後も発信し続けたいと思います。

そして、私の人生を賑やかに彩って豊かなものにしてくれた作業療法という職業に感謝しています。この職業を選んで本当に良かったと思っています。ただ、本書で紹介したとおり開業権がありませんから、私は、実際のところ、法的には作業療法を行っていることにはなっていません。作業療法のエッセンスを存分に効かせて事業を行っている、そんな感じでしょうか。

これからも、世のため人のために作業療法の専門性が活かされることを心から願ってやみません。

本書を上梓するにあたって、出版を勧めてくださったスパイラルアップの原邦雄社長、出版の機会を与えてくださった株式会社ユサブルの松本卓也社長、本書の企画構想からご指導くださいました株式会社天才工場の吉田浩社長、執筆のサポートをいただいたMeeting Minutesの廣田祥吾氏に心からの感謝を申し上げます。

また、創心會グループは社員、利用者さん、関係機関の方々に支えられて存在しています。彼らなくしては本書の誕生はありえません。関わるすべての方々に、この場を借りて心からの感謝の意を表したいと思います。

最後に、私は夫として、また、父親としては落第点もいいところだったと自覚しています。それでも起業家としての私を常に支えてくれた妻に心から感謝しつつ、これから共に困難と戯れながら新たな常識破りにチャレンジしていくであろう三人の息子たちに本書を捧げます。

２０１９年４月

二神雅一

二神雅一 Masakazu Futagami
株式会社創心會（そうしんかい）代表取締役
作業療法士、介護支援専門員

1965年、兵庫県西宮市生まれ。中学より松山市で育つ。愛媛十全医療学院・作業療法学科を卒業後、作業療法士として香川県と愛媛県の病院で4年間勤務。その後、訪問リハの会社などに転職し、30歳で独立。岡山県倉敷市にて「創心会在宅ケアサービス」を設立する。

介護保険制度が開始された2000年に「株式会社創心會」に組織変更。「日本一不親切な親切」を看板に掲げる。高齢者や障がい者の機能回復や社会復帰、自立した生活のために独自の介護プロセス「本物ケア」を用いて、これまでに3万人を超える利用者へ自立支援介護を提供している。

現在では数々のグループ企業を設立し、誰もが安心して暮らせる社会創りに挑戦し続けている。基本理念は「予防から終末期までのケアを住み慣れた地域で完結するために、リハビリテーション理論に基づいた包括的本物ケアシステムを構築・提供・発信・普及してケア革命を起こすこと」。

思考のリミッターを外す「非常識力」
日本一不親切な介護施設に行列ができる理由

2019年5月22日初版第一刷発行

著者　二神雅一
発行人　松本卓也
発行所　株式会社ユサブル
〒103-0014　東京都中央区日本橋蛎殻町2-13-5　美濃友ビル3F
電話：03（3527）3669
ユサブルホームページ：http://yusabul.com/
企画協力　廣田祥吾（Meeting Minutes）
プロデュース　株式会社天才工場　吉田浩
印刷所　株式会社光邦

ISBN978-4-909249-21-0　C0030
定価はカバーに表示してあります。
落丁・乱丁本はお手数ですが小社までお問合せください。